HELL • LESEN IST LEBEN

Cornelius Hell

Lesen ist Leben

Gedanken für den Tag

Wieser *Verlag*

Die Herausgabe dieses Bandes erfolgt mit freundlicher
Unterstützung durch die Stadt Wien, Kultur

Wieser *Verlag*

KLAGENFURT – WIEN – LJUBLJANA – SARAJEVO
A-9020 Klagenfurt/Celovec, Ebentaler Straße 34b
Telefon: + 43(0)463 370 36, Fax: + 43(0)463 376 35
office@wieser-verlag.com
www.wieser-verlag.com

Originalausgabe

Copyright © 2007 by Wieser Verlag, Klagenfurt/Celovec
Lektorat: Josef G. Pichler und Iris Katholnig
ISBN-10 3-85129-569- 2
ISBN-13 978-3-85129-569- 6

*Meiner Mutter Christine Hell,
die mir die ersten Bücher gekauft hat und
selbst ein Leben lang lesen und schreiben wollte*

Inhalt

Lesen und Leben *11*

THEODOR W. ADORNO
Kein richtiges Leben im falschen *21*

HANS CHRISTIAN ANDERSEN
Das Glück kann in einem Stück Holz liegen *31*

HANNAH ARENDT
Ich will verstehen *39*

INGEBORG BACHMANN
Einen einzigen Satz haltbar machen *51*

GOTTFRIED BENN
... dass ich nur allein glücklich sein kann *61*

HEINRICH BÖLL
Brot und Wein, Liebe und Brüderlichkeit *71*

BERTOLT BRECHT
Sprechen wir von den Eigentumsverhältnissen! *81*

CHRISTINE BUSTA
Aber ich hatte genug zum Staunen *91*

ALBERT CAMUS
Das Leben bejahen bis in seine Leiden hinein *101*

PAUL CELAN
Die Geheimnisse werfen noch Schatten *113*

GÜNTER EICH
Aber wenn der Krieg vorbei ist ... *121*

JOHANN WOLFGANG VON GOETHE
Die Fratzen des täglichen Lebens *131*

HEINRICH HEINE
Der große Weltriß *143*

JOHANN GOTTFRIED HERDER
Ich habs gewagt *153*

ÖDÖN VON HORVÁTH
Gott ist die Wahrheit *161*

IMMANUEL KANT & THOMAS BERNHARD
Vernunft auf hoher See *169*

ERHART KÄSTNER
Tage, in denen das Anschaun gelang *179*

IMRE KERTÉSZ
... dann hat Gott sich mir im Bild
von Auschwitz offenbart *187*

FRIEDRICH GOTTLIEB KLOPSTOCK
Hütten der Freundschaft bauen *197*

NIKOLAUS LENAU
Nur im Kelch der feinsten Moose *205*

THOMAS MANN
Lob der Vergänglichkeit *213*

EDUARD MÖRIKE
Die Kraft der Untüchtigkeit *217*

KARL PHILIPP MORITZ
Der Stolz eines jeden auf sein eigenes
individuelles Dasein *229*

JOHN HENRY NEWMAN
Leben heißt sich wandeln *239*

GEORGE ORWELL
Einige sind gleicher *249*

SIMONE WEIL
Wer nicht nach der Wahrheit verlangt, irrt sich auch,
wenn er das Glaubensbekenntnis aufsagt *261*

DIE HEILIGE MARIA IN DER LITERATUR
Und Maria trat aus ihren Bildern *271*

TAGEBUCH
Montag: Ich. Dienstag: Ich … *279*

Nachwort *287*

Lesen und Leben

I

Seit ich denken kann, gehört das Lesen zu meinem Leben. Das erste Aufschlagen eines Buches, sein Geruch und die Faszination der ersten Zeilen – das sind noch immer lichte Momente meiner Kindheit. Viele andere Faszinationen gab es ja nicht: Zum Sport taugte ich als Kind nicht, für das Indianerspielen war ich auch zu ungeschickt, und überhaupt war es nicht allzu lustig, Außenseiter zu sein in der kleinen Welt eines Dorfes. So hat es mich in die Ersatzwelt der Bücher verschlagen. Kinder- und Märchenbücher, später Karl May und dann Western- und Jerry-Cotton-Hefte waren es, die ich verschlang und an denen ich die Faszination des Lesens erfuhr. Danach kam die Literatur, und hier habe ich das langsame Lesen gelernt, das Innehalten und die eigenen Randbemerkungen dazwischen. Ein Buch, das man in einem Zug ausliest – das ist für mich alles andere als ein Kompliment.

Oft frage ich mich, ob ich in einer rundum glücklichen und zufriedenen Kindheit überhaupt zu lesen begonnen hätte. Jedenfalls habe ich durch das Lesen so vieles gefunden, was zu meinem Leben gehört, dass ich nicht mehr tauschen möchte. »Man liest nur, solange man noch wünscht. Solange man noch hofft. (...) Leser sind Leute, deren Wünsche und

Hoffnungen noch nicht erfüllt, aber auch noch nicht vernichtet sind«, schreibt Martin Walser. Die offenen Wünsche sind ein großes Kapital für das weitere Leben.

Bücher können Wünsche wach halten, aber die großen Bücher sind selten Glückslieferanten. »Ich glaube, wir sollten überhaupt nur Bücher lesen, die uns beißen und stechen«, meinte Franz Kafka. Und: »Ein Buch muß wie eine Axt sein, um das Eis der Seele zu spalten.« Nicht nur das Leben kann Wunden schlagen, auch das Lesen; und es kann Narben hinterlassen, die man nicht loswerden möchte, weil man ohne sie nicht mehr derselbe wäre. Wenn das Lesen eines Buches den Panzer durchstößt und das Eis spaltet, ist man offener für das Leid, aber vor allem auch für das Glück, das das Leben bereithält.

II

Ich muß gestehen, ich lese nicht zu meinem Vergnügen, ich suche weder Entspannung noch Ablenkung, noch andere Freuden dieser Art. Ein Buch ist für mich eine Art Schaufel, mit der ich mich umgrabe. Obwohl ich das nicht zu meinem Vergnügen tue, sondern einfach aus einem Bedürfnis, für das ich keine Gründe mehr anzugeben weiß, keine Gründe für jeden Fall, die von anderer Art wären als die, die uns veranlassen zu atmen und zu essen, trotzdem macht mir das Lesen, dieses Herumgehen in mir selbst, oft mehr Vergnügen als das Atmen, ja es macht mir zuweilen sogar das Atmen wieder vergnüglicher.

Diese Erfahrung hat der Schriftsteller Martin Walser formuliert. Lesen ist immer eine Konfrontation mit sich selbst. Marcel Proust meinte:

> Jeder Leser ist, wenn er liest, ein Leser nur seiner selbst. Das Werk des Schriftstellers ist dabei lediglich eine Art von optischem Instrument, das der Autor dem Leser reicht, damit er erkennen möge, was er in sich selbst vielleicht sonst nicht hätte erschauen können.

Lesen als Weg der Selbstfindung und Selbsterkenntnis ermöglicht eine große Freiheit. Jeder kann seine eigenen inneren Bilder in den Text hineintragen. Lesen bietet die Möglichkeit der Identifikation: »Wenn wir Romane lesen, sind wir nicht nur wir selbst; wir sind auch die verzauberten Wesen, zwischen die der Romancier uns versetzt«, hat der südamerikanische Schriftsteller Mario Vargas Llosa einmal gesagt. Aber gerade das Lesen ermöglicht auch die Distanzierung von den Figuren und vom Text und seinem Konzept überhaupt. Beides ist nötig, um nicht in fremden Geschichten zu versinken, sondern sich selbst zu finden und zu verändern. »Es heißt immer, dass Schreiben die Welt nicht ändert, aber ich bin durch das Schreiben und ganz besonders durch das Lesen ein vollkommen anderer Mensch geworden« – so die Erfahrung des österreichischen Schriftstellers Gerhard Roth.

III

Zu meinen Lieblingsbüchern gehört ein Wörterbuch. Ein Wörterbuch ist nicht dazu da, um es zu lesen, so heißt es, sondern um es bei Übersetzungen oder Unklarheiten in der eigenen Sprache zu benutzen. Mein Wörterbuch verleitet mich trotzdem immer wieder zum Lesen. Es ist ja auch ein besonderes Wörterbuch, das Litauisch-deutsche Wörterbuch von Alexander Kurschat. Kurschat ist der Repräsentant eines Wort- und Weltwissens, das im Zweiten Weltkrieg zugrunde gegangen ist. 1857 als preußischer Litauer geboren und zweisprachig aufgewachsen, studierte er in Königsberg und wurde Gymnasiallehrer in Tilsit – jener Stadt im ehemaligen Ostpreußen, deren Namen wir nur mehr von ihrem Käse her kennen. Dort hat er ganz allein sein vierbändiges Wörterbuch erarbeitet, dessen Manuskript und Material er durch die Flucht aus Ostpreußen rettete. 1944, ein Jahr nach dieser Flucht, verstarb er in Kiefersfelden, an der Grenze von Oberbayern zu Tirol. Erst ein Vierteljahrhundert nach seinem Tod konnte es im Druck erscheinen, und es ist noch immer das einzige umfangreiche litauisch-deutsche Wörterbuch.

Aber nicht deswegen liebe ich dieses Wörterbuch, weil ich zum Übersetzen darauf angewiesen bin, sondern weil ich darin viel von dem Zauber finde, der von einem einzigen Wort ausgehen kann, und lerne, wie viel an einem Wort hängt. Gegen das Vorbeirauschen der vielen Sätze gibt es nichts Besseres als ein Wörterbuch oder ein Gedicht, um zu spüren, wie sehr es in manchen Situationen auf das einzige treffende richtige Wort ankommt – in der Literatur und im Leben. Als Widerstandsübung gegen die ständige Wortberieselung sollte man manchmal in einem Wörterbuch der eigenen Sprache blättern und dort zu lesen beginnen, wo man hängen bleibt. Wenn ich in meinem litauisch-deutschen Wörterbuch das Bild des alten bärtigen Tilsiter Gymnasialprofessors Alexander Kurschat anschaue, glaube ich, dass er sehr genau wusste, wie viel ein einziges Wort wert ist, als er sein Lebenswerk schuf und bewahrte.

IV

Lesen ist ein Schlüssel zu Welt. Wer aber nur in Büchern liest, verliert allzu leicht den eigenen Blick auf die Welt. Der Kopf des Lesers wird zum Tummelplatz fremder Gedanken, warnte schon Arthur Schopenhauer: »Solches ist aber der Fall bei sehr vielen Gelehrten: sie haben sich dumm gelesen.« Eigenes Denken und eigene Wahrnehmung können durch Lesen von Büchern niemals ersetzt werden.

Das intimste Lesen blickt in das Gesicht eines anderen Menschen: Gesichtszüge lesen, jemandem Wünsche von den Augen ablesen ... Da gilt es, immer wieder neu hinzuschauen. »Jedes Wesen schreit im stillen, um anders gelesen zu werden«, schreibt Simone Weil. Ohne diesen neuen Blick wird das Lesen totalitär. Jemanden dazu zu zwingen, sich so zu lesen, wie man ihn liest, nennt Simone Weil Sklaverei; die andern zu zwingen, einen so zu lesen, wie man sich selbst liest, bezeichnet sie als Eroberung.

Dasselbe gilt übrigens für die Bücher. Intolerant waren ja oft nicht die Menschen, die nichts gelesen haben, sondern diejenigen, die wollten, dass nur bestimmte Bücher gelesen werden, und die in einer bestimmten Interpretation – nämlich der ihren. Der österreichische Staatskanzler Fürst Metternich, unter dem die Zensur ihre übelsten Blüten trieb, war selbst ein eifriger Leser, vieles von dem, was ihm gut gefiel, hat er gleich verbieten lassen.

»Leben und leben lassen«, lautet eine alte Volksweisheit. Man könnte sie umformulieren in: »Lesen und lesen lassen«. Das gilt für Bücher wie für Gesichter. Selbst lesen, ohne missionarisch darauf zu achten, dass die anderen das Richtige lesen. Ein Buch auf seine Art lesen, und die der anderen als Bereicherung empfinden. Im Gesicht anderer Menschen lesen, aber auch im eigenen lesen lassen. Im Blick auf ein Buch, auf die Welt, vor allem aber auf ein geliebtes Gesicht und seinen Blick erfährt man, dass das Lesen immer wieder neu beginnen muss.

V

Judentum, Christentum und Islam werden oft als Buchreligionen bezeichnet. Ein heiliges Buch – die Bibel oder der Koran – ist ihre Grundlage. Vor allem im Judentum ist das Lesen ein prägender Bestandteil des Lebens. Eine Religion, in der das Lesen ein so zentraler Akt ist, kann diese Kultur des Lesens nicht nur auf die heiligen Bücher beschränken. Sie wird zum Motor und Fundament von Wissenschaft und Literatur.

Immer wieder gibt es in den Buchreligionen auch den Versuch, die Lektüre auf das *eine* heilige Buch zu beschränken. Es kann zum Glück nicht auf Dauer gelingen, denn wer lesen kann, will meist alles lesen. Außerdem vernichtet dieser Versuch das eigene Anliegen, denn die Übung, Verschiedenes zu lesen, ist die Voraussetzung, um die heiligen Bücher zu verstehen. Schließlich hat Gott sich in literarischen Formen geoffenbart – die Bibel des Judentums und des Christentums kennt verschiedene Formen von Erzählungen, Gesängen oder Briefen. Um sie richtig zu lesen, sind die Erfahrungen mit Literatur von großer Bedeutung.

Eine Schrift, auch eine heilige Schrift, ist immer ein Risiko: Sie ist nämlich über die Jahrhunderte vielen Lese- und Verständnisweisen ausgesetzt. Das bedeutet aber auch so etwas wie eine Gleichberechtigung aller, die sie lesen. Riten oder Bilder lassen eher die Illusion zu, man könne sie unverändert weitergeben und die erste Generation am Beginn einer Religion sei gegenüber allen Nachkommen durch das eigene Erleben privilegiert. Den Wortlaut der Schrift kann man zwar auch unverändert weitergeben, aber man muss sich unabweisbar mit den verschiedenen Leseweisen auseinandersetzen. Eine

Buchreligion stellt das Wort in den Mittelpunkt und setzt es vielen Leseweisen aus. Und sie vergöttert das Wort nicht. Jesus zum Beispiel hat nichts geschrieben. Das kann nur bedeuten, dass Lesen zwar ein zentraler religiöser Akt, aber nicht der einzig wichtige ist.

VI

Lesen kann auch ein Irrweg sein. Es gibt die Büchersucht, die weltfremde Eremitage, die Faulheit und Gleichgültigkeit vor der Misere des Lebens. Und es gibt die Überheblichkeit gegenüber früheren Kulturen, deren Basis nicht das Lesen war. Was ist mit jenen, die zu früh geboren wurden, um am Privileg der Lesekundigen teilzuhaben – sind sie nur Schutt unter einer Bildungsmaschinerie, die rücksichtslos vorwärts braust?

Immer wieder werden uns Horrorzahlen präsentiert, wie sehr die Lesefähigkeit in unseren Breiten abnimmt – gerade in jenen Ländern, die traditionell durch ihre Lesekultur geprägt sind. Schuldige sind oft schnell gefunden; die elektronischen Medien, die mehr Bilder als Worte transportieren, bieten sich an. Die Bilderflut wird beklagt, als ob uns die Wortflut nicht schon längst zu schaffen machte. Dabei sind komplexe Bilder nicht gerade leichter zu lesen als Worte. Und simpel kann sowohl ein Bild als auch ein Wort oder ein Satz sein. Ohne Zweifel erleben wir in der Kultur der Gegenwart eine Hinwendung zum Bild gegen die Dominanz des Wortes – oder gegen die Wortlastigkeit der Jahrhunderte seit Erfindung des Buchdrucks. Aber es hat keinen Sinn, beides gegeneinander auszuspielen. Die Schriftkultur wird zwar in andere Zusammenhänge eingebunden, aber sie kann nicht mehr verschwinden; sie wird erweitert, wenn man es positiv sehen will. So muss sich auch unser Lesen erweitern zu den neuen Bildern. Dabei darf das Lesen sein ältestes Material nicht aus den Augen verlieren: Landschaften, Tiere, Gesichter, Gebärden und Augen von Menschen. Dann ist lesen lernen immer auch leben lernen.

Theodor W. Adorno
Kein richtiges Leben im falschen

I

»Bei vielen Menschen ist es bereits eine Unverschämtheit, wenn sie Ich sagen.« So lautet ein Aphorismus des Philosophen Theodor W. Adorno. Der Satz ist selbst eine Unverschämtheit, meinen manche, die ihn gelesen haben. Da bildet ein arroganter Philosoph sich ein, zu diagnostizieren, wer noch ein unverwechselbares Ich ist und wer zur grauen Masse gehört. Arroganz und Besserwisserei wurden ihm vorgehalten – wie vielen Kritikern. Als elitär gilt Adorno oft schon wegen seiner Sprache, seiner vertrackt-komplizierten Sätze und vor allem wegen seiner vielen Fremdwörter. Die Fremdwörter waren seine Waffen gegen Deutschtümelei; sie galten ihm als »die Juden der Sprache«. Adorno war selbst Jude. Und die Kompliziertheit seiner Sprache ist sein Widerstand gegen die leichte Konsumierbarkeit von Gedanken; die Notwendigkeit, zwei- und dreimal zu lesen, zwingt zum Denken. Aber manchmal findet man bei ihm eben auch so genial einfache Sätze wie diesen: »Bei vielen Menschen ist es bereits eine Unverschämtheit, wenn sie Ich sagen.«

Adorno war ein leidenschaftlicher Anwalt des Ich, des Individuums gegen die »verwaltete Welt« und gegen die »Kulturindustrie« – zwei Schlüsselwörter der Zeitkritik der sogenannten Frankfurter Schule, die wesendlich von Adorno und dem um einige Jahre älteren Max Horkheimer geprägt war. Und das Ich ist für Adorno nicht festzulegen – schon gar nicht durch das Zauberwort *Identität*. »Wer bloß identisch ist mit sich, ist ohne Glück«, kann man bei ihm lesen. Gegen die Festlegung eines Menschen auf das, was er ist, konnte Adorno auch schärfer polemisieren: »Der Bürger (...) ist tolerant. Seine Liebe zu den Leuten, wie sie sind, entspringt dem Haß gegen den richtigen Menschen.« Es gehört zu den großen Vorzügen Adornos, dass er uns keine Definition aufdrängt, was ein richtiger Mensch ist. Doch er hält die Ahnung dafür offen, dass in jedem Menschen mehr steckt, als die Lebensumstände ihm zu verwirklichen gestatten.

II

»Es gibt kein richtiges Leben im falschen.« Das ist einer der bekanntesten apodiktischen Sätze Adornos. Oft wird er aus dem Zusammenhang gerissen. Das Buch, in dem dieser Satz steht, die Aphorismensammlung »Minima moralia«, trägt den Untertitel: »Reflexionen aus dem beschädigten Leben«. Geschrieben im amerikanischen Exil während des Zweiten Weltkriegs und kurz danach, reflektieren sie die Ohnmacht des Denkers vor der »großen Barbarei«, wie Adorno den Nationalsozialismus oft nannte. Der Rückzug ins Private war kein Ausweg, auch der individuelle Versuch, richtig zu leben, konnte nicht beruhigen.

»Es gibt kein richtiges Leben im falschen.« Adorno hat diesen Satz nicht nur gegenüber dem Nationalsozialismus formuliert. Auch die Logik des Kapitalismus, die alles zur Ware werden lässt, wird durch ein individuell richtiges Leben nicht aufgehoben. Das falsche Leben ist für Adorno auch das zunehmend fremdbestimmte Leben, die Gleichschaltung durch Konsum und Massenmedien, denen die Anpassung und Integration erfolgreicher gelingt als autoritärem Zwang.

Ganz aussteigen kann man nicht aus diesen Zusammenhängen, aber zwei Weisen des Zeugnisses dagegen stehen Adorno vor Augen: das kritische Denken, das Distanz hält zur Praxis, und die Kunst, die dem Leiden Ausdruck verleiht. Bleiben wirklich nur diese beiden Möglichkeiten, die nur sehr wenigen Menschen offen stehen?

Oft hat man Adorno Pessimismus vorgeworfen. Aber dieser Pessimismus ist allemal hellsichtiger als der muntere Optimismus, der heute in Mode ist, überall dabei sein will und sich darüber freut, wenn die härtesten Managerinnen und Manager und die schlimmsten Vollstrecker von Sachzwängen privat ganz anständig und vielleicht sogar noch nette Menschen sind.

III

»Nach Auschwitz ein Gedicht zu schreiben, ist barbarisch.« Kaum ein Satz von Adorno wurde öfter (meist falsch) zitiert und diskutiert als dieser. Und natürlich ist man schnell mit Gegenbeispielen gelungener Gedichte bei der Hand. In langer Auseinandersetzung mit dem Dichter Paul Celan hat Adorno den Satz auch zurückgenommen – und gleichzeitig radikalisiert, wenn er schreibt: »Man hat überhaupt nur dann irgendeine Aussicht, den Erfahrungen der letzten Jahrzehnte standzuhalten, wenn man keinen Augenblick die Paradoxie dessen vergisst, dass man danach überhaupt noch weiterlebt.«

Beide Fragen – die nach dem Gedicht und die nach dem Leben nach Auschwitz – sind gegen die Gedächtnislosigkeit der Nachkriegs- und Wiederaufbauzeit geschrieben, dagegen, dass das Leben einfach weitergeht und die Kunst eben die Kunst bleibt. Eher als der rationalen Erkenntnis traute es Adorno der Kunst zu, das Leiden auszudrücken. In seiner »Ästhetischen Theorie« steht der Satz: »Leiden, auf den Begriff gebracht, ist stumm und konsequenzlos: das läßt in Deutschland nach Hitler sich beobachten.«

Adorno, der sich lebenslang mit Kunst auseinandersetzte, der in Wien bei Alban Berg Kompositionsunterricht erhielt und selbst komponierte, sah in der Zwölftonmusik oder in den Dramen Samuel Becketts einen gültigen Ausdruck des 20. Jahrhunderts. Er hat aber auch einen wesentlichen Anteil an der Entdeckung Gustav Mahlers. Seine Lieder waren für ihn »Balladen des Unterliegens«. Adorno schrieb über Mahler: »Zeit seines Lebens hat seine Musik es mit denen gehalten, die aus dem Kollektiv herausfallen und zugrunde gehen, mit dem armen Tambourg'sell, der verlorenen Feldwacht, dem Soldaten, der als Toter weiter die Trommel schlagen muß.«

Adorno, der lange nicht wusste, ob er Philosoph oder Komponist werden sollte, ist ein guter Begleiter in das Erkenntnis-Abenteuer der Musik und der Literatur.

IV

Der 11. September 1903 sei das kulturell wichtigere Datum als der 11. September 2001 mit dem Terroranschlag in New York, meinte Peter Sloterdijk. An diesem Tag im Jahr 1903 wurde in Frankfurt der Philosoph Theodor W. Adorno geboren. Er war mit seiner »Negativen Dialektik«, seiner Musiksoziologie oder den Kurzessays des Bandes »Minima moralia« für ganze Generationen des 20. Jahrhunderts Anstoß zum eigenständigen Denken. Geboren als Sohn des jüdischen Weinhändlers Oscar Wiesengrund und der italienischen Sängerin Maria Calvelli-Adorno studierte Adorno Soziologie und Philosophie in Frankfurt sowie Komposition in Wien, emigrierte vor dem Nationalsozialismus nach England und später nach Amerika. 1949 kehrte er nach Frankfurt zurück und wurde Professor am wiedererrichteten Institut für

Sozialforschung. Adorno war ein wichtiger Anreger der Studentenbewegung des Jahres 1968, auch wenn er gerade mit diesen Studentinnen und Studenten seine größten Schwierigkeiten bekommen sollte: Nach einer Besetzung seines Instituts rief er die Polizei, und im Sommersemester 1969 wurde seine Vorlesung gesprengt. Bald danach ist Adorno an Herzinfarkt gestorben.

Adorno war zweifellos ein wichtiger Denker. Aber dass zu seinem 100. Geburtstag gleich drei Biografien und eine Bildmonografie erschienen, überrascht dennoch. Die Biografien sind mehr umfangreich als spannend, eine davon hat über 1000 Seiten. Man hat den Eindruck, gründlicher hätte man Adorno nicht ins Museum entsorgen können. Adorno selbst zu lesen ist jedoch immer noch anregend. Es macht jedenfalls bewusst, was wir in den letzten Jahrzehnten an radikaler Kritik und Suche nach gesellschaftlichen Alternativen verloren haben. »Das Ganze ist das Unwahre«, lautet ein Zentralsatz Adornos. Heute ist gerade das Funktionieren des Ganzen wieder so selbstverständlich geworden: das Funktionieren der neoliberalen Wirtschaft, das Funktionieren von Freizeit und Arbeit – zumindest für die, die noch eine haben – und das Funktionieren globaler Netzwerke. Querschüsse von Adorno können da nicht schaden.

V

Philosophie, wie sie im Angesicht der Verzweiflung einzig noch zu verantworten ist, wäre der Versuch, alle Dinge so zu betrachten, wie sie vom Standpunkt der Erlösung aus sich darstellten. Erkenntnis hat kein Licht, als das von der Erlösung her auf die Welt scheint; alles andere erschöpft sich in der Nachkonstruktion und bleibt ein Stück Technik.

So beginnt der letzte Text der »Minima moralia« – erstaunliche Sätze für einen Philosophen, der als Neomarxist gilt. Christliche Metaphysik war für ihn längst überholt und unglaubwürdig, aber er wollte Wissenschaft und Philosophie nicht nur auf das Konstatieren von Daten beschränken, sondern eine Deutung und Wertung vornehmen. Wer Alternativen entwickeln will, kann dies nur aus einer Perspektive heraus tun. Und deswegen schreit für Adorno die schlechte Wirklichkeit nach dem Gedanken der Erlösung. Aber er hält sie auch für ganz und gar unmöglich, weil sie einen Standpunkt, einen Blick von außen voraussetzt, den der Mensch nicht einnehmen kann.

In dieser Ablehnung des Erlösungs-Gedankens kommt auch das jüdische Erbe Adornos zu Wort. Von der Sprengkraft dieses Gedankens hat er mehr verstanden als viele christliche Prediger, die mit einer banalen Selbstverständlichkeit von Erlösung sprechen, als würde sie jeden zweiten Tag stattfinden. Adorno kann uns mit knappen Worten die Größe und Ungeheuerlichkeit der Erlösungsvorstellung bewusst machen, auch wenn er sie nicht teilt.

VI

»Erster und einziger Grundsatz der Sexualethik: der Ankläger hat immer unrecht.« Der Denker Adorno, von dem dieses Zitat stammt, war psychoanalytisch geschult und beschäftigte sich mit den zentralen menschlichen Lebensäußerungen, natürlich auch mit Sexualität. In seinen jahrelangen Studien über den autoritären Charakter hatte er herausgefunden, dass gerade die autoritären Persönlichkeiten »von Verfolgungsphantasien gegen das nach ihrer Ansicht sexuell Abwegige, überhaupt von wilden sexuellen Vorstellungen geplagt werden, die sie von sich selbst abweisen und auf Außengruppen projizieren«.

In den 1960er Jahren konnte Adorno die sexuelle Liberalisierung miterleben. Und gerade die begrüßte er nicht. Seine Kritik: »Der Sexus wird als Sex, gleichsam als eine Variante des Sports, entgiftet; was daran anders ist, bleibt ein allergischer Punkt.« Adorno verweist auf Freud, der das Moment des Unanständigen, des gesellschaftlich Anstößigen des Sexuellen hervorhob, das die Liberalisierung integrierte und anpasste.

Adorno wollte – gerade auch in sexueller Hinsicht – die Freiheit der und des Einzelnen; darum: »Der Ankläger hat immer unrecht.« Aber er sah, dass sich mächtige Geschäftsinteressen der Wünsche der Einzelnen bemächtigen können. Davor warnte er, nicht nur auf dem Gebiet der Sexualität.

In den Jahrzehnten seit Adornos Tod ist das Leben – zumindest in den privilegierten Zonen Europas und Amerikas – zweifellos lustvoller und bunter geworden und bietet mehr Erlebnismöglichkeiten. Adornos Rede von der »verwalteten Welt« mutet demgegenüber geradezu hausbacken altmodisch an. Man muss sie freilich nur übersetzen, um zu sehen: Der Wert des Menschen ist gesunken gegenüber dem Kapital, das private Leben wird immer öffentlicher, Lust und Erlebnis sind kommerzialisiert. Es geht nicht darum, die Lust zu verdammen, sondern darum, sie zu befreien, ihre Sprengkraft wiederzugewinnen. Adorno hatte dafür kein Rezept, aber ein genaues Gespür.

Hans Christian Andersen
Das Glück kann in einem Stück Holz liegen

I

Das Glück kann in einem Stück Holz liegen. Ich habe eine Menge Stoff für Märchen. Mir ist oft, als sagte jedes Rankenwerk, jede kleine Blume: »Schau mich ein wenig an, und meine Geschichte wird dir aufgehen!«, und will ich es, so habe ich die Geschichte. Und gehe ich in den Garten zwischen den Rosen – ja, was haben nicht sie und selbst die Schnecken mir schon erzählt! Sehe ich das breite Wasserrosenblatt, dann hat Däumelinchen schon seine Reise darauf beendet.

Hans Christian Andersen konnte aus allem eine Geschichte machen. Er hatte das Ohr ganz nahe bei den volkstümlichen Märchenerzählern und dazu einen schnellen, genauen Blick, wie man nicht zuletzt an seinen Scherenschnitten sieht. Im Zeitalter von Fernsehen, Film und Internet mag uns Andersen damit schon selbst wie eine Märchenfigur vorkommen. Dabei war er ein Zeitgenosse der beginnenden Industrieepoche: Wie sehr konnte er sich für die Dampfeisenbahn oder für die aufkommende Fotografie begeistern. Doch Menschen, Tiere und auch natürliche Dinge konnten ihm die Fotos nicht ersetzen.

In einem Märchen erzählt Hans Christian Andersen, wie der Kaiser von China die wunderbarste Nachtigall in seinem Reich einfangen lässt. Und dann muss sie natürlich nachgebaut werden: als Automat zum Aufziehen. Und der Automat erweist sich als besser, berechenbarer – man kann damit leichter mitsingen. Doch als der Kaiser todkrank wird, kann er nur vom Gesang der echten Nachtigall gesund werden. Darauf will er den Kunstvogel in tausend Stücke schlagen. »Tu das nicht!«, warnt ihn die echte Nachtigall, denn der Kunstvogel ist immer zur Hand, während sie selbst nur gelegentlich ans Fenster fliegen kann.

Technikeuphorie und romantische Naturschwärmerei gehen in Andersens 19. Jahrhundert so selbstverständlich Hand in Hand, dass wir uns heute darüber wundern. Aber in einem hat Andersens Märchen von der Nachtigall sicher Recht: Technik und Natur soll man nicht gegeneinander ausspielen, denn es ist mittlerweile natürlich für den Menschen, dass er künstlich lebt. Aber die Grenze zwischen der Natur und ihrer raffinierten Nachahmung soll man nicht aus den Augen verlieren.

II

> Die tiefe Trauer einer Kinderseele ist so groß wie die größte, die der Erwachsene kennt; das Kind kennt in seinem Schmerz keine Hoffnung, die Vernunft reicht dem Kind nicht ihre stützende Hand, es hat im Augenblick nichts als seine Betrübnis, an die es sich klammert.

In Hans Christan Andersens Märchen tummeln sich viele arme, desorientierte Kinder, die von Erwachsenen ausgenutzt und gedemütigt werden. So wie es Andersen, dem Sohn eines armen Schusters und einer Wäscherin, selbst ergangen ist. Andersen ist der Erste, der nicht, wie Rousseau oder die Romantiker, die Kindheit idealisiert und schön über Kinder spricht, sondern sie selbst in seiner Literatur zu Wort kommen lässt. Umgangssprachliche Wendungen und kindliche Lautmalereien in seinen Märchen trieben manche Kritiker auf die Barrikaden. Und vor allem, dass er die Märchen nicht benutzte, um den Kindern Anstand und Moral einzutrichtern.

Eher ließ er Kinder die Erwachsenenwelt demaskieren, wie in einem seiner berühmtesten Märchen, »Des Kaisers neue Kleider«. Zwei Betrüger kommen in die Stadt und erklären, sie hätten die besten Stoffe – mit der wunderbaren Eigenschaft, dass sie für jeden Menschen unsichtbar seien, der nicht für sein Amt tauge oder unverzeihlich dumm sei. Natürlich muss der eitle Kaiser sie sofort haben – und kann nicht sagen, dass er nichts sieht. Es ist immer wieder ein Genuss, zu lesen, wie leicht sich das ganze dumme Geschnatter der Minister und Hofdamen inszenieren lässt. Viel Geld fließt, Orden und Ehren werden verliehen, und das Volk lässt sich gerne zum Mitmachen vergattern. »Aber er hat ja gar nichts an«, sagt endlich ein Kind, und der Satz verbreitet sich wie ein Lauffeuer, denn niemand kann sagen, ein Kind sei zu dumm für sein Amt.

Zu Andersens Zeit, als man auch in Dänemark noch in einer Monarchie lebte, war das in politischer

Hinsicht kein ungefährliches Märchen. Und eines, das gesellschaftliche Konventionen gnadenlos sichtbar macht – aus dem unverstellten Blick eines Kindes.

III

»Christus ist ein Mensch gewesen wie wir, aber ein ungewöhnlicher, herrlicher Mensch«, sagte Hans Andersen, der Vater des Märchendichters Hans Christian Andersen, nachdem er zu Hause laut aus der Bibel vorgelesen hatte. Er, der einfache Schuster, der sich, im Gegensatz zu Andersens Mutter, selbst Lesen und Schreiben beigebracht hatte, bezeichnete sich als »Freidenker«. Die bigotte Mutter bekreuzigte sich sofort, zog den Jungen in einen Schuppen, warf ihm ihre Schürze über den Kopf und flüsterte: »Der Teufel war dort in unserer Stube, er hat das gesagt, Hans Christian, das war nicht dein Vater, und du musst vergessen, was er gesagt hat, denn er hat es nicht so gemeint!« Der Vater hingegen bekräftigte auch später seine Überzeugung: Es gäbe keinen anderen Teufel als den, den wir alle in unseren Herzen tragen.

Hans Christian Andersen, für den sein Geschichten vorlesender Vater in der frühen Kindheit große Bedeutung hatte, scheint religiös mehr der Mutter gefolgt zu sein. »Fromm und abergläubisch wuchs ich heran«, schreibt er in seinen Erinnerungen. Von der Mutter hatte er »das fromme Gefühl, zu glauben ohne zu begreifen«, wie er formulierte. Quacksalberei und wunderbare Heilungen, Erdgeister und Gespenster

– all das galt der Mutter als Realität und wurde zu einem Teil von Andersens Märchenwelt. Er hatte ja auch selbst viele Geschichten gehört, bei denen, wie er schreibt, »die Lampe des Aberglaubens ihr Bilderlicht warf«.

Da stellt sich die Frage, ob auch das christliche Bilderlicht eine Märchenwelt hätte hervorbringen können. Es muss doch ein Grund geben, warum es keine christlichen Märchen gibt – nicht nur bei Andersen. Hat die christliche Tradition das freie Spiel der Fantasie vielleicht zu sehr begrenzt und zwischen die Pole von »Wahrheit« und »Lüge« eingespannt?

IV

»Mein Leben ist ein hübsches Märchen, so reich und glücklich.« So beginnt das »Märchen meines Lebens ohne Dichtung« von Hans Christian Andersen. Doch auch die Märchen sind teilweise aus dem Stoff seines Lebens gedichtet. Ganz besonders eines seiner bekanntesten, »Das hässliche Entlein«. Die Geschichte dieses verfolgten und missverstandenen Wesens, dem böse mitgespielt wird, bevor sich seine verborgene Schönheit entfaltet, wurde rasch zu Andersens populärstem Märchen. Und es wurde sehr bald auch als Geschichte seines Lebens gelesen. Aus der untersten Schicht kommend, hatte Andersen sich ganz allein in Kopenhagen durchgeschlagen und sich – immer angewiesen auf Gönner und den König – Bildung verschafft. Oft war er angefeindet von Kritikern –

einer der schärfsten war der Philosoph Sören Kierkegaard. Gerade gegen ihn lernte er aber auch selber, ironische Stiche auszuteilen. Und der internationale Ruhm machte Andersen auch zu Hause zum eleganten jungen Schwan.

Der Ruhm hing auch mit seinen Reisen zusammen. Andersen war einer der größten Reisenden seiner Zeit, er kam sogar bis in den Orient. Immer hatte er ein Seil in seinem Reisekoffer, um sich im Fall eines Hotelbrandes abseilen zu können. Und auf seinem Nachttisch lag der Zettel: »Bin nur scheintot« – er wurde die Angst nicht los, lebendig begraben zu werden.

Zwischen 1843 und 1872 war Andersen sechsmal für längere Zeit in Wien, und sogar sein Roman »Nur ein Geiger« spielt teilweise in dieser Stadt. Sie gefiel ihm nicht schlecht, aber er hatte auch einen ironischen Blick auf Wien. Die Wiener erschienen ihm als »Leute im Frack und mit Kartoffelgesichtern«. Nun ja, den Frack wenigstens würde er heute seltener sehen.

V

Im Jahre 1805 lebte in der Stadt Odensee auf der dänischen Insel Fünen in einer kleinen ärmlichen Stube ein jung verheiratetes Paar, das sich unendlich lieb hatte, ein junger Schuhmacher mit seiner Frau. Der Mann hatte seine Werkbank und das Hochzeitsbett selbst gezimmert. Darin lag am 2. April 1805 ein lebendiges, schreiendes Kind, das war ich, Hans Christian Andersen.

Das klingt wie ein idyllisches Märchen – und ist es wohl auch, denn Andersen hat sein Leben schöngefärbt, wie wir aus der dicken Biografie von Jens Andersen wissen. Eher schon stimmt folgende Passage mit der Lebensrealität überein: »Von meines Vaters Tod an war ich ganz mir selbst überlassen. Meine Mutter ging für die Leute waschen, so saß ich allein zu Hause mit dem kleinen Theater, nähte Puppenzeug und las.«

Beim Tod seines Vaters war Andersen elf Jahre alt. Puppenzeug nähen war da schon eine ziemlich weibische Beschäftigung, fanden die Männer seiner Umgebung. Ein paar Jahre danach zogen sie ihm einfach die Hose herunter, um nachzuschauen, ob er ein richtiger Mann sei.

Für krasse Demütigungen war Hans Christian Andersen zeit seines Lebens ein leichtes Opfer – auch durch seinen schlaksig-unproportionalen Körper mit den übergroßen Füßen und Händen. Mit vierzehn zog er wie eine Märchenfigur allein in die Welt – zunächst nach Kopenhagen. Schauspieler, Theaterautor und Romanschriftsteller wollte er sein. Berühmt wurde er durch seine Märchen.

Berühmtheit und genug Geld – das war der Schutzschild um jenen Mann, der sich noch mit sechzig in eine Seitengasse verdrückte, wenn er hinter sich lachen hörte, und der nie eine erfüllte Liebesbeziehung erlebte, sondern sich nur schwärmerisch in Frauen und auch Männer verlieben konnte. Hans Christian Andersen hatte etwas von der Meerjungfrau seines Märchens, deren stumme Wünsche sich nur in der Kunst des Tanzes ausdrücken konnten.

Hannah Arendt
Ich will verstehen

I

Denken war ihre erste Passion. Mit 14 Jahren las sie Kant und Kierkegaard, griechisch konnte sie fließend, und schon bevor sie als Externe die Matura ablegte, war sie in Berlin Gasthörerin in Philosophie. Dass Hannah Arendt mit 18 Philosophie studieren wollte, war selbstverständlich, und zwar in Marburg, denn es gab unter der Jugend ein Gerücht:

> Das Denken ist wieder lebendig geworden, die totgeglaubten Bildungsschätze der Vergangenheit werden zum Sprechen gebracht, wobei sich herausstellt, dass sie ganz andere Dinge vorbringen, als man misstrauisch vermutet hat. Es gibt einen Lehrer; man kann vielleicht das Denken lernen.

Dieser Lehrer war Martin Heidegger. Hannah Arendt lernte mit ihm denken – und wurde seine Geliebte. Da Heidegger seine Familie nicht verlassen wollte, war diese Beziehung chancenlos, aber sie sollte für Hannah Arendt lebensprägend sein – gerade auch dort, wo sie gegen Heidegger dachte.

Als der Nationalsozialismus an die Macht kam, lebten sie in getrennten Welten: die Jüdin Hannah Arendt und Martin Heidegger, der Philosoph, der mit den Nazis eine Zeit lang gemeinsame Sache machte. Hannah Arendt wurde 1933 in Berlin von der Gestapo verhaftet, konnte aber später mit ihrer Mutter nach Paris fliehen, wo sie an der Rettung jüdischer Kinder nach Israel mitarbeitete; 1940 wurde sie jedoch als feindliche Ausländerin interniert. Wieder konnte sie fliehen und gelangte schließlich 1941 mit ihrem Mann über Lissabon in die USA. Dort unterrichtete Hannah Arendt an den renommiertesten Universitäten und entwickelte sich zu einer führenden Denkerin des 20. Jahrhunderts.

Gerade die Erfahrung, dass sich viele Intellektuelle an die Nazis angepasst hatten und das auch noch rechtfertigten, machte Hannah Arendt misstrauisch gegen das Denken um seiner selbst willen. Doch die Erfahrungen ihres Lebens zwangen sie zur Auseinandersetzung mit der Zeit. In einem Fernsehinterview wurde sie gefragt, ob es ihr wichtig sei, mit ihrem Denken Einfluss auszuüben. Hannah Arendt antwortete: »Ich selber wirken? Nein, ich will verstehen. Und wenn andere Menschen verstehen – im selben Sinne, wie ich verstanden habe –, dann gibt mir das eine Befriedigung wie ein Heimatgefühl.«

In ihrer Jugend war Hannah Arendt Denkerin aus Leidenschaft. Später zwangen sie das 20. Jahrhundert, der Nationalsozialismus und die Ermordung der Juden zum Versuch, den Schrecken zu begreifen. Verstehen war für sie daher keine neutrale Angelegenheit, sondern ein Akt des Widerstands: »Verstehen heißt unvoreingenommen und aufmerksam der Wirklichkeit, wie immer sie ausschauen mag, ins Gesicht sehen und ihr widerstehen.«

II

Lebensgefahr, Flucht, der schwierige Neuanfang im Exil – Hannah Arendt konnte mit dem Schrecklichen fertig werden und das Überstehen wohl auch zu einer Quelle ihrer Lebenskraft werden lassen, wenn sie auch mit der neuen Sprache ihre großen Schwierigkeiten hatte und Deutsch ihre Muttersprache auch in der Fremde blieb. Der wirkliche Schock, der ihr Denken nicht losließ, war Auschwitz. »Dies hätte nie geschehen dürfen ... Da ist etwas passiert, womit wir alle nicht fertig werden«, sagte sie 1964 in einem Fernsehgespräch. Von allem anderen dachte Hannah Arendt, dass es wieder gutgemacht, dass es verziehen werden könne.

Wie Auschwitz geschehen konnte, das zeigte sich für Hannah Arendt vor allem im Prozess gegen Adolf Eichmann, den sie 1961 in Jerusalem für die Zeitschrift »The New Yorker« beobachtete. Daraus entstand ihr Buch »Eichmann in Jerusalem«. Sie erlebte den Organisator der Ermordung der Juden als farblosen Bürokraten, der kein eigenes Urteil und Gewissen hatte. Im Nachwort für die deutsche Ausgabe des Buches schrieb sie: »Das Beunruhigende an der Person Eichmanns war doch gerade, daß er war wie viele und daß diese vielen weder pervers noch sadistisch, sondern schrecklich und erschreckend normal waren.«

Hannah Arendt sprach von der »Banalität des Bösen«, die sich in Eichmann zeigte. Diese Formel wurde weltbekannt – und viel kritisiert. Man warf ihr vor, sie verharmlose die Nazi-Verbrechen. Hannah Arendt wollte damit freilich das Gegenteil: einen völlig neuen Typus des Verbrechers und eine noch nie dagewesene Dimension des Verbrechens beschreiben. Eichmann war für sie nicht die Bestie, als die er im Prozess vorgeführt werden sollte, vielmehr jemand, der nicht von persönlichem Hass und auch nicht von einer Ideologie getrieben war, sondern sich darauf berief, immer nur Befehle ausgeführt zu haben.

Die Abwesenheit von Denken und Verantwortung, das Verschwinden von Verantwortung, das dieses »Verbrechen gegen die Menschheit« erst möglich machte, beschäftigte Hannah Arendt. Die »Normalität« des Adolf Eichmann war für sie »viel erschreckender als all die Greuel zusammengenommen«, weil »dieser neue Verbrechertypus (...) unter Bedingungen handelt, die es ihm beinahe unmöglich machen, sich seiner Untaten bewußt zu werden«.

Hannah Arendt hat damit präziser als andere beschrieben, was mit Menschen im Nationalsozialismus geschehen ist. Und sie hat ihre Analyse weitergedacht auf jenen Menschentyp der Moderne, der im bloßen Arbeiten und Konsumieren sein Genügen findet. Ihr war wichtig, dass der Mensch das Interesse daran nicht verliert, wie die Welt aussieht, in der er lebt. Und dass er die Verantwortung dafür nicht abgeben kann.

III

Geboren 1904 in Hannover, aufgewachsen in einer liberalen Familie in Königsberg, hat sich Hannah Arendt zunächst für ihr Judentum nicht sonderlich interessiert. Bewusst wurde es ihr durch antisemitische Äußerungen in der Schule sowie während der Studienjahre in Marburg, Freiburg und Heidelberg. Und erst der Nationalsozialismus machte ihr klar: »Wenn man als Jude angegriffen wird, muss man sich als Jude verteidigen.«

So kam sie auch mit der zionistischen Bewegung in Verbindung. Nach ihrer Flucht nach Paris arbeitete sie daran mit, dass jüdische Kinder aus Mitteleuropa gerettet und nach Israel gebracht werden konnten. Und sie lernte sogar Hebräisch. Später, in den USA, ging sie zum Zionismus immer mehr auf Distanz. Mit ihrer Formel von der »Banalität des Bösen« im Bericht über den Eichmann-Prozess kam sie in Konflikt mit den Interessen des Staates Israel, der in diesem Prozess gerade die Bestialität des Judenmörders zeigen wollte.

Gegen Hannah Arendt wurde eine regelrechte Kampagne inszeniert. Immer wieder wurde ihr als Jüdin dabei auch mangelnde Liebe zum jüdischen Volk unterstellt. 1963 schrieb sie dazu in einem Brief an den Religionshistoriker Gershom Scholem:

> Erstens habe ich nie in meinem Leben irgendein Volk oder Kollektiv »geliebt«, weder das deutsche noch das französische, noch das amerikanische, noch etwa die

Arbeiterklasse oder was es sonst so noch gibt. Ich liebe in der Tat nur meine Freunde und bin zu aller anderen Liebe völlig unfähig. Zweitens wäre mir aber diese Liebe zu den Juden, da ich selbst jüdisch bin, suspekt. Ich liebe nicht mich selbst und nicht dasjenige, wovon ich weiß, daß es irgendwie zu meiner Substanz gehört.

Ein Schock war für Hannah Arendt ein Gespräch mit der damaligen israelischen Außenministerin Golda Meïr, die ihr sinngemäß sagte: »Sie werden ja verstehen, daß ich als Sozialist nicht an Gott glaube, ich glaube an das jüdische Volk.« In dem Brief an Scholem kommentierte sie diese Aussage:

> Ich bin der Meinung, daß dies ein furchtbarer Satz ist, und ich habe nicht geantwortet, weil ich zu erschrocken war, aber ich hätte antworten können: Das Großartige dieses Volkes ist es einmal gewesen, an Gott zu glauben, und zwar in einer Weise, in der Gottvertrauen und Liebe zu Gott die Gottesfurcht bei weitem überwog. Und jetzt glaubt dieses Volk nur noch an sich? Was soll daraus werden.

Hannah Arendt war eine sehr bewusste Jüdin, aber zum Staat Israel hatte sie Distanz – einfach weil ihr klar war, dass Israel als Nationalstaat genauso Minderheiten unterdrücken und Kriege provozieren würde wie die europäischen Nationalstaaten des 19. Jahrhunderts. In dem Brief an Scholem schrieb sie auch, »daß Unrecht, begangen von meinem eigenen Volk, mich selbstverständlich mehr erregt als Unrecht, das andere Völker begehen.«

Wie lange wird es dauern, bis mehr Menschen im Nahen Osten aus dieser Haltung leben – auf Seiten der Israelis wie auf Seiten der Palästinenser?

IV

»Mein Problem war, dass ich nie habe dazugehören wollen«, hat Hannah Arendt einmal gesagt. Vor allem in politischer Hinsicht war sie nirgendwo »daheim«, sondern unbequem nach allen Seiten. Mit ihrem Buch »Elemente und Ursprünge totaler Herrschaft« setzte sie sich zwischen alle Stühle. Das 1951 erschienene Werk sollte ursprünglich eine Bilanz der Erfahrungen mit Faschismus und Nationalsozialismus sein, es wurde jedoch zu einer umfassenden Analyse des 20. Jahrhunderts.

Hannah Arendt hob die Parallelen zwischen den totalitären Systemen des Nationalsozialismus und des Kommunismus hervor, ohne jedoch Hitler und Stalin gleichzusetzen. So wurde sie zur großen Anwältin der liberalen Demokratie in einer Zeit, in der viele linke Intellektuelle den sowjetischen Terror verschwiegen oder verharmlosten und zur brutalen Niederschlagung des Ungarnaufstandes 1956 kein Wort verloren.

Ihre Analyse des Terrors, der keinem Ziel mehr dient, sondern zum Selbstzweck wird, hat heute unter anderen Vorzeichen traurige Aktualität. Der Terror der Gegenwart tötet wahllos Menschen und er provoziert den Rechtsstaat derart, das sich dieser selbst von Recht und Gesetz zu lösen droht – Guantanamo ist das schlimmste Beispiel dafür.

Hannah Arendt hat auch beschrieben, dass die Zeit der Nationalstaaten zu Ende geht und dass sie nicht mehr in der Lage sind, Hüter der Menschenrechte zu sein – vor allem, weil sie Minderheiten, besonders jene ohne Staatsbürgerschaft, nicht zu schützen vermögen. Sehr zu Recht sieht die aus der Türkei stammende politische Theoretikerin Seyla Benhabib in Hannah Arendt »auch die Theoretikerin der Minderheitenrechte und Staatenlosigkeit, der Flüchtlinge und Deportierten, die mit ihren Worten den Nerv der Zeit trifft«.

Vertraut hat Hannah Arend dabei auf ihr eigenes scharfes Denken – und vor allem auf ihre Erfahrungen. Darum wirken ihre undogmatischen und unideologischen Gedanken seit ihrem Tod im Jahr 1975 und besonders seit 1989 bis heute weiter.

V

Weil jeder Mensch auf Grund des Geborenseins ein *initium*, ein Anfang und Neuankömmling in der Welt ist, können Menschen Initiative ergreifen, Anfänger werden und Neues in Bewegung setzen.

Dem menschlichen Leben gelten viele Reflexionen Hannah Arendts in ihrem Buch »Vita activa«. Während viele Denker den Menschen von seiner Sterblichkeit und vom Tod her bestimmt sehen, ist für Hannah Arendt die Tatsache entscheidend, dass jeder

Mensch geboren wird. Sie spricht von der Gebürtlichkeit oder Natalität des Menschen. Hannah Arendt, die keineswegs religiös ist, zitiert in diesem Zusammenhang einen Satz von Augustinus, über den sie ihre Dissertation geschrieben hat: »Damit ein Anfang sei, ist der Mensch geschaffen.«

Für Arendt hat und ist jeder Mensch die Chance eines Neubeginns. Sie schreibt, dass die Einzigartigkeit eines jeden Menschen »auf dem alles menschliche Zusammensein begründenden Faktum der Natalität beruht, der Gebürtlichkeit, kraft derer jeder Mensch einmal als ein einzigartig Neues in der Welt erschienen ist«. Und sie fügt noch hinzu: »Wegen dieser Einzigartigkeit, die mit der Tatsache der Geburt gegeben ist, ist es, als würde mit jedem Menschen noch einmal der Schöpfungsakt Gottes wiederholt.«

Auch wenn Hannah Arendt selbst keine Kinder hatte: Es ist wohl kein Zufall, dass gerade eine Frau jenen Umstand ins Zentrum ihres Denkens rückt, der davor in der Philosophie so auffällig wenig Rolle gespielt hat: dass es zum Wesen des Menschen gehört, dass sein Leben einen Anfang hat, dass er geboren wird. An entscheidenden Stellen liest sich ihre Sicht als Gegenentwurf zum Konzept Martin Heideggers, dem Lehrer und Menschen, der für die Anfänge ihres Denkens entscheidend war und der auch den Anstoß gab für ihre Auseinandersetzung mit Augustinus. Wo Heidegger von der »Geworfenheit« des Menschen in die Welt spricht, geht Hannah

Arendt vom Geborensein aus – und vom »Beisammensein« in der Welt. »Amor mundi«, »Liebe zur Welt«, war der Titel, den sie ihrem Buch »Vita activa oder Vom tätigen Leben« ursprünglich geben wollte.

Die Fähigkeit des Anfangens war für Hannah Arendt »die höchste Fähigkeit des Menschen«. Dazu gehört auch die des Neu-Anfangens. Mit Berufung auf Jesus von Nazareth spricht Hannah Arendt über das Verzeihen und stellt fest: »Das menschliche Leben könnte gar nicht weitergehen, wenn Menschen sich nicht ständig gegenseitig von den Folgen dessen befreien würden, was sie getan haben, ohne zu wissen, was sie tun.«

VI

Verstehen ist die spezifisch menschliche Weise, lebendig zu sein, denn jede einzelne Person muß sich mit jener Welt versöhnen, in die sie als Fremder hineingeboren wurde und wo sie im Maße ihrer klar bestimmten Einmaligkeit immer ein Fremder bleiben wird. Verstehen beginnt mit der Geburt und endet mit dem Tod.

Für Hannah Arendt war Denken mehr als eine intellektuelle Übung – es war ihre einzige Möglichkeit, auf die Welt, die sie nicht hinnehmen wollte, wie sie ist, zu antworten. Noch wichtiger als das Denken aber war ihr das Handeln. Handeln gehört für Hannah Arendt wesentlich zum Menschsein. Sie unterscheidet es ausdrücklich vom Arbeiten – der für das Überleben nötigen Reproduktion – und dem Herstellen von Produkten. Dabei befürchtet sie, dass Arbeiten und Herstellen in der Moderne immer wichtiger werden, aber der Handlungsraum der Menschen sich immer mehr verkleinert. Mit ihrer Betonung des Handelns hat Hannah Arendt die philosophische und auch die religiöse Tradition umgekehrt; dort war immer das Denken oder die Kontemplation wichtiger.

Bei Hannah Arendt sollte das Denken im Dienst des Handelns, der Gestaltung der Öffentlichkeit und der Einmischung in die wichtigen politischen Fragen stehen. Wobei sie überzeugt war, »daß es darauf ankommt, selbst zu denken«, wie sie an Gershom Scholem schrieb und betonte, »daß ich keiner Organisation angehöre und immer nur im eigenen Namen spreche«.

Wie sie philosophisch und politisch eigene Wege ging, so war sie auch skeptisch gegenüber den Religionen, wie aus einem Brief an Karl Jaspers hervorgeht:

> Ich persönlich schlage mich recht und schlecht (und eigentlich mehr recht als schlecht) mit einer Art (kindlichen?, weil nie bezweifelten) Gottvertrauen durch (im Unterschied zum Glauben, der ja doch immer zu wissen glaubt und dadurch in Zweifel und Paradoxien gerät).

Erstaunlich ist, dass Hannah Arendt, die in ihrer Jugend als Jüdin auch evangelische Theologie studiert hatte, die religiösen Traditionen ganz ohne Vorurteile zur Kenntnis nahm. Als sie darauf zu sprechen kommt, dass Jesus von Nazareth als Erster die Bedeutung des Verzeihens gesehen und entdeckt hat, schreibt sie:

> Daß diese Entdeckung in einem religiösen Zusammenhang gemacht und ausgesprochen ist, ist noch kein Grund, sie nicht auch in einem durchaus diesseitigen Sinne so ernst zu nehmen, wie sie es verdient.

Als bewusst säkulare Denkerin nahm Hannah Arendt die religiösen Schriften des Judentums und des Christentums sehr ernst, prüfte sie aber wie alles, womit sie sich auseinandersetzte. Als ein »Denken ohne Geländer« hat sie selbst einmal ihren Versuch, die Welt zu verstehen, bezeichnet. Dabei war sie auf sich allein gestellt, denn sie wollte keiner Schule angehören und noch weniger eine gründen. Das gerade macht ihre Faszination bis heute aus.

Ingeborg Bachmann
Einen einzigen Satz haltbar machen

I

> Es hat einen bestimmten Moment gegeben, der hat meine Kindheit zertrümmert. Der Einmarsch von Hitlers Truppen in Klagenfurt. Es war etwas so Entsetzliches, daß mit diesem Tag meine Erinnerung anfängt: durch einen zu frühen Schmerz, wie ich ihn in dieser Stärke vielleicht später überhaupt nie mehr hatte.

Was Ingeborg Bachmann in einem Interview beschrieben hat, prägt auch ihre Erzählung »Jugend in einer österreichischen Stadt«. Dort endet die »frühe Dunkelhaft« der Kindheit mit dem Sprechen von »Genickschüssen, vom Hängen, Liquidieren, Sprengen«. Diese Erfahrung hat sie sensibel gemacht für die politische Gewalt und gegen das Vergessen und Verdrängen der nationalsozialistischen Vergangenheit, wie es in Österreich so lange erfolgreich praktiziert wurde. Immer wieder tauchen in ihren Texten die »sieben Jahre« auf, aber sie meint damit nicht die sieben magischen Jahre der Märchen, sondern die Zeit des Nationalsozialismus in Österreich:

> Sieben Jahre später
> in einem Totenhaus,
> trinken die Henker von gestern
> den goldenen Becher aus.
> Die Augen täten dir sinken.

Das Gedicht »Früher Mittag« aus dem 1953 erschienenen Band »Die gestundete Zeit«, das harmlos wie ein altes Landschaftsgedicht mit der Zeile »Still grünt die Linde im eröffneten Sommer« beginnt, beschwört in schmerzlichen Bildern, dass die Machthaber von gestern wieder Konjunktur haben. Zu Österreich und vor allem zu ihrer engeren Heimat Kärnten hatte Ingeborg Bachmann deswegen immer eine ambivalente Beziehung. Dass dort ein Landeshauptmann von der »ordentlichen Beschäftigungspolitik« des Dritten Reiches gesprochen hat, hat sie nicht mehr gehört. Auch nicht, dass dieser Landeshauptmann sich gegen die demokratische Verfassung auf das »Volk« beruft, um der von Bachmann so geschätzten slowenischen Minderheit die ihr zustehenden zweisprachigen Ortstafeln zu verweigern.

Gewalt hat Ingeborg Bachmann in vielen Bereichen geortet – vor allem auch in der Beziehung der Geschlechter. Die Traumszenen im zweiten Kapitel ihres Romans »Malina« sprechen eine deutliche Sprache. Dieser Roman war als Teil des Zyklus »Todesarten« geplant – Variationen der Vernichtung des weiblichen Ich. Feministinnen haben sich zu Recht – wenn auch manchmal zu simpel – auf diesen Roman bezogen. Faktum ist, dass sich männliche Gewalt noch immer sehr oft gegen Frauen richtet und die Frauen in vielen Ländern zu stummen Opfern gemacht werden. Wie ja auch – trotz aller Frauen als Mitläuferinnen – nicht daran zu rütteln ist, dass der Faschismus von Männern ausging.

II

Ich glaube, daß die Liebe auf der Nachtseite der Welt ist, verderblicher als jedes Verbrechen. Als alle Ketzereien. Ich glaube, daß, wo sie aufkommt, ein Wirbel entsteht wie vor dem ersten Schöpfungstag.

So spricht »der Gute Gott von Manhattan« in Ingeborg Bachmanns gleichnamigem Hörspiel. Zwei Liebende, Jan und Jennifer, werden aus der Normalität der Welt herauskatapultiert. Jan sagt das in seinen Worten an Jennifer:

Ich weiß nichts weiter, nur daß ich hier leben und sterben will mit dir und zu dir reden in einer neuen Sprache; daß ich keinen Beruf mehr haben und keinem Geschäft nachgehen kann, nie mehr nützlich sein und brechen werde mit allem, und daß ich geschieden sein will von allem anderen.

Der Gute Gott steht gegen das Chaos der Liebe auf Seiten von Ordnung und Normalität. Zynisch verteidigt er diejenigen, die »das bißchen anfängliche Glut zähmten, in die Hand nahmen und ein Heilmittelunternehmen gegen die Einsamkeit daraus machten, eine Kameradschaft und wirtschaftliche Interessengemeinschaft«.

Ingeborg Bachmann gestaltet in dem Hörspiel jenen »anderen Zustand«, der sie in Robert Musils Roman »Der Mann ohne Eigenschaften« faszinierte – und den »Versuch, die Leidenschaft mit dem Grund aller Leidenschaften eins werden zu lassen, die einmal Gottesleidenschaft genannt wurde«.

Wie Musil ist auch Bachmann skeptisch gegen den direkten Bezug auf Gott; es geht ihr um »den Blick (...) auf das Vollkommene, Unerreichbare, sei es der Liebe, der Freiheit oder jeder reinen Größe«. So formulierte sie in der Dankesrede für den Hörspielpreis der Kriegsblinden, den sie 1959 für »Der gute Gott von Manhattan« erhielt. Weiter sagte Bachmann in dieser Rede:

> Im Widerspiel des Unmöglichen mit dem Möglichen erweitern wir unsere Möglichkeiten. Daß wir es erzeugen, dieses Spannungsverhältnis, an dem wir wachsen, darauf, meine ich, kommt es an; daß wir uns orientieren an einem Ziel, das freilich, wenn wir uns nähern, sich noch einmal entfernt.

Das Ziel, das sich noch einmal entfernt – auch hier schließt Bachmann an Musil an, der Utopie nicht als Ziel, sondern als Richtung begriff. Die Fixierung auf feste Ziele – und vor allem ihre Durchsetzung – wird schnell totalitär. Zwischen totalitären Utopien und der totalen Alternativlosigkeit suchen Musil und Bachmann nach dem kreativen Chaos der Liebe, um – wie Musil formulierte – den Möglichkeitssinn zu stärken gegen den Wirklichkeitssinn.

III

Sie können in Ihren vier Wänden ein Familienglück patriarchalischen Stils pflegen oder die Libertinage, oder was immer Sie wollen – draußen rotieren Sie in einer funktionellen Nützlichkeitswelt, die ihre eigenen

Ideen über Ihre Existenz hat. Sie können abergläubisch sein und auf Holz klopfen, aber die Berichte über den Stand der Forschung und der Rüstung sind auch tröstlich im Hinblick auf die Erhaltung Ihrer Sicherheit und Freiheit. Sie können an die Unsterblichkeit Ihrer Seele glauben und sich Ihren eigenen geistigen Befund ausstellen, aber draußen finden Sie einen andern vor, dort entscheiden die Tests, die Behörden, das Geschäft, dort werden Sie krank und gesund geschrieben, eingestuft und ausgewertet.

Am Ende der ersten Vorlesung, die Ingeborg Bachmann als erste Dozentin am Lehrstuhl für Poetik der Universität Frankfurt im Wintersemester 1959/60 gehalten hat, beschreibt sie das Auseinanderklaffen von Rollen und Wertvorstellungen, das sich seither enorm verschärft hat und die Lebenswelt nahezu jedes Menschen prägt. Vor allem die Welt derer, die etwas zu sagen haben, die andere einstufen und auswerten: Bei den Geschäftsführern, die ihr Büro nach den Prinzipien von Feng Shui einrichten, um sich noch erfolgreicher durchsetzen zu können, bei Sonntagsreden christliche oder irgendwelche andere Werte beschwören und sich selbst Zeitausgleich genehmigen, während ihre »Mitarbeiter« unbezahlte Überstunden machen.

Sie können Gespenster sehen oder Werte, es sind jedenfalls eine Menge von beiden da, und Sie können sich allen gleichzeitig anvertrauen, wenn Sie sich nur darauf verstehen, in der Praxis alles säuberlich getrennt zu halten. Hie Innerlichkeit und Sinnbezüge, Gewissen und Traum – da Nützlichkeitsfunktion, Sinnlosigkeit, Phrase und sprachlose Gewalt.

Sozialdemokratische oder religiöse Überzeugungen, selbst gebastelte Spiritualität oder Konversion zum Buddhismus – im privaten Bereich ist alles möglich, aber im Berufsleben herrscht die Gewalt der sogenannten Sachzwänge: bei denen, die ihnen unterworfen sind, wie bei denen, die sie instrumentalisieren und ausüben. »Moral ist Moral, Geschäft ist Geschäft und Krieg ist Krieg und Kunst ist Kunst« – Ingeborg Bachmann zitiert einen Satz von Hermann Broch, um zu entlarven, wie Kunst zur ästhetischen Befriedigung und harmlosen Freizeitbeschäftigung verkommt. Und sie spricht die ironische Warnung aus: »Denken Sie nicht aus *einem* Grund, das ist gefährlich – denken Sie aus vielen Gründen.«

Wofür sie mit ihrer Literatur steht, ist freilich das genaue Gegenteil: für eine Poesie, »scharf von Erkenntnis und bitter von Sehnsucht, um an den Schlaf der Menschen rühren zu können«. Für eine Kunst, die nicht der privaten Behübschung des Lebens dient. Für Bücher, die man nicht in einem Zug ausliest, sondern solche, die das Leben verändern. Und dagegen, dass sich Menschen aufteilen oder aufgeteilt werden zwischen Sinnbezügen und Nützlichkeitsfunktion.

IV

Es gibt für mich keine Zitate, sondern die wenigen Stellen in der Literatur, die mich immer aufgeregt haben, die sind für mich das Leben. Und es sind keine Sätze, die ich zitiere, weil sie mir so gut gefallen, weil sie schön sind oder weil sie bedeutend sind, sondern weil sie mich wirklich erregt haben. Eben wie Leben.

Ingeborg Bachmann hat diese radikale Auffassung von Literatur zwei Jahre vor ihrem Tod in einem Interview geäußert, und sie wollte auch selbst nicht trennen zwischen Literatur und Leben. Programmatisch sagt sie das in einem ihrer späten Gedichte:

> Einen einzigen Satz haltbar zu machen,
> auszuhalten in dem Bimbam von Worten.
>
> Es schreibt diesen Satz keiner,
> der nicht unterschreibt.

So endet das Gedicht »Wahrlich«. Ingeborg Bachmann war überzeugt: Sie muss mit ihrem Leben einstehen für das, was sie schreibt; Dichtung war für sie mehr als Kunstfertigkeit und Perfektion. »Aug und Ohr verköstigen / mit Worthappen erster Güte« – davon distanzierte sie sich in dem Gedicht »Keine Delikatessen«.

Sehr ungeschützt schrieb Ingeborg Bachmann das eigene Leben ihrer Literatur ein. Gelegentlich ist die geringe Distanz zu dem, was sie schreibt, auch ihre Schwäche. Oft aber gibt gerade das ihren Texten Kraft und Unverwechselbarkeit, dass ihr eigener Aufschrei gegen die Welt, wie sie ist, hörbar wird.

> Meine Schreie verlier ich
> wie ein anderer sein Geld
> verliert, seine Moneten

So beginnt eines der erst nach ihrem Tod veröffentlichten Gedichte von Ingeborg Bachmann. Und sein Schluss lautet:

> ich verlier alles,
> ich verlier nur nicht
> das Entsetzen, daß
> man seine Schreie verlieren
> kann jeden Tag und
> überall

Ingeborg Bachmann misstraute den schönen Worten und Sätzen. Und vor allem misstraute sie dem sogenannten Literaturbetrieb. »Die Kunst / ein schmutziges Geschäft / mit den Worten, es wird honoriert werden«, heißt es in einem ebenfalls postum veröffentlichten Gedicht. Heute, wo die Auflagen eines Schriftstellers wichtiger sind als seine Anliegen und jedes gute Geschäft mit Literatur schamlos gefeiert wird, kommen Ingeborg Bachmanns Sätze fast schon aus einer fremden Welt. Umso dringlicher und deutlicher ist gerade heute ihr Anspruch, was Literatur, was Kunst bedeutet.

V

Sind hierorts Häuser grün, tret ich noch in ein Haus.
Sind hier die Brücken heil, geh ich auf gutem Grund.
Ist Liebesmüh in alle Zeit verloren, verlier ich sie hier
gern.

Ingeborg Bachmanns Gedicht »Böhmen liegt am Meer« beschwört einen utopischen Ort. Sein Titel bezieht sich auf Shakespeares »Wintermärchen«, wo Böhmen am Meer liegt. Gegen die geografischen Fakten setzt es auf die Gegen-Wahrheit der Kunst. Dass Böhmen in diesem Gedicht »ans Meer begnadigt« wurde, hat aber auch mit der damaligen politischen Landschaft zu tun. 1964, als das Gedicht entstand, konnte man in der kommunistischen Tschechoslowakei auf Reformen hoffen; im November 1968, als es veröffentlicht wurde, hatten sowjetische Panzer diese Hoffnung niedergewalzt.

Liegt Böhmen noch am Meer, glaub ich den Meeren
wieder.
Und glaub ich noch ans Meer, so hoffe ich auf Land.

In feierlichem Ton und großem Pathos setzt Ingeborg Bachmann die Utopie ins Bild, aber immer im Bewusstsein des Scheiterns und Zugrundegehens:

Ich will nichts mehr für mich. Ich will zugrunde gehen.

Der große sprachliche Gestus und die Sicherheit des Untergangs – das schmerzliche Auseinanderklaffen beider hält dieses große Gedicht in Gang. Mit der Aufforderung »Kommt her, ihr Böhmen alle« wird den Umherirrenden Heimat verheißen, während das Ich, das hier spricht, sich selbst bezeichnet als

> ein Böhme, ein Vagant, der nichts hat, den nichts hält
> begabt nur noch vom Meer, das strittig ist,
> Land meiner Wahl zu sehn.

Das Gedicht spielt mit zwei Bedeutungen, die mit Böhmen assoziiert werden: Der Böhme als »Bohémien« verkörpert die nonkonformistische, ungebundene Lebensart, und »böhmisch« steht auch für unverständlich und unbegreifbar. Ingeborg Bachmann wollte immer das Rätsel der Poesie gegen die gut verständlichen Phrasen setzen. Nur wer sich einlässt auf die Ungebundenheit und das Unverständliche hat die Begabung zur selbst gewählten Utopie – dazu, »Land meiner Wahl zu sehn«.

Wie alle großen Gedichte lässt sich »Böhmen liegt am Meer« nicht erklären, schon gar nicht in wenigen Sätzen. Ingeborg Bachmann war überzeugt, dass sie immer zu diesem Gedicht stehen werde und hat darüber gestaunt, als hätte sie es gar nicht selber geschrieben. In ihrem Nachlass steht: »Für mich ist es ein Geschenk, und ich habe es nur weiterzugeben an alle anderen, die nicht aufgeben zu hoffen auf das Land der Verheißung.«

Gottfried Benn
... *dass ich nur allein glücklich sein kann*

I

> Die Krone der Schöpfung, das Schwein, der Mensch –:
> Geht doch mit anderen Tieren um!

Der junge Dichter Gottfried Benn hat einen radikalen Blick auf den Menschen, vor dem jede religiöse oder humanistische Schönfärbung verblasst. Vor allem hat er einen mikroskopisch vergrößerten Blick auf die Hinfälligkeit des Körpers. Als junger Arzt musste Benn auch menschliche Leichen sezieren. Der Name des Leichenschauhauses war der Titel seines ersten Gedichtbandes: »Morgue«. 26 Jahre war Gottfried Benn alt, als die Sammlung im Jahr 1912 erschien.

> Hier diese Reihe sind zerfressene Schöße
> und diese Reihe ist zerfallene Brust.
> Bett stinkt bei Bett. Die Schwestern wechseln stündlich.

So beginnt das Gedicht »Mann und Frau gehn durch die Krebsbaracke«. Wenn ich es lese, sehe ich noch genau den Schulvormittag vor mir, an dem ich mit 17 Jahren zum ersten Mal damit konfrontiert wurde. Der Schock hat mir für lange Zeit die Rede verschlagen. Gegen diesen kalten Blick auf das Sterben hilft keine Beschwichtigung.

Nicht nur die unmittelbare Erfahrung des Arztes spricht aus seinen ersten Gedichten. In dem grotesk übersteigerten Blick auf eine Wasserleiche im Gedicht mit dem polemischen Titel »Schöne Jugend« ist auch das barocke Vanitas-Motiv gegenwärtig: Alles ist vergeblich. Aber hinter dieser Warnung steht keine religiöse Zuversicht mehr.

Im Jahr 1912 ist Gottfried Benns Mutter an Brustkrebs gestorben. Die Diagnose wurde zu spät gestellt, zwei Operationen hatte sie hinter sich, die Krankheit ließ sich nicht aufhalten. Als Arzt wusste Gottfried Benn: Gegen die quälenden Schmerzen hilft nur mehr Morphium. Aber sein Vater, ein strenggläubiger protestantischer Pastor, verbot das – die Schmerzen seien gottgewollt. Ohnmächtig musste Gottfried Benn zusehen, wie die Mutter unter Qualen starb. Ein starker Grund, warum er zeit seines Lebens nichts mit herkömmlicher Religion zu tun haben wollte.

II

»Die Götter tot, die Kreuz- und die Weingötter, mehr als tot: schlechtes Stilprinzip, wenn man religiös wird, erweicht der Ausdruck.« Gottfried Benns Absage richtet sich nicht nur gegen den christlichen Gott am Kreuz, sondern auch gegen den Weingott Dionysos und gegen alle möglichen Götter, wie die Mehrzahl »Kreuz- und Weingötter« nahelegt. Religiöser Glaube bedeutet für Benn: schlechter Stil. Er selbst ist als Arzt durch eine naturwissenschaftliche

Ausbildung hindurchgegangen und schreibt darüber: »Die tiefe Skepsis, die Stil schafft, das wuchs hier.«

Zugleich ist Gottfried Benn der letzte große deutsche Dichter aus dem evangelischen Pfarrhaus. »Gib mich frei aus den Banden, die du durch Religion u. Kirche um mich geschlagen hast, ich will meinen eigenen Gott suchen«, schreibt er in einem Brief an seinen Vater. »Er ist ein evangelischer Heide, ein Christ mit dem Götzenhaupt« – so sah ihn die Dichterin Else Lasker-Schüler, die mit Benn befreundet war.

Benn hat, wie er selbst 1931 feststellt, die Atmosphäre seines Vaterhauses nie verloren:

> (...) in dem Fanatismus zur Transzendenz, in der Unbeirrbarkeit, jeden Materialismus historischer oder psychologischer Art als unzulänglich für die Erfassung und Darstellung des Lebens abzulehnen. Aber ich sehe diese Transzendenz ins Artistische gewendet, als Philosophie, als Metaphysik der Kunst.

Kunst soll für Gottfried Benn das sein, was früher die Religion war. Auf den Spuren Friedrich Nietzsches verkündet er das »Artistenevangelium«. In einer Welt, in der »die Religionen der Götter zunichte gehen, während der Sozialismus längst nicht alle Tränen trocknet«, bleibt die Kunst als eigentliche Aufgabe des Lebens. Das »verlorene Ich«, wie Benn später formulieren wird – in der zerrissenen Welt der Moderne kann es nur noch in der Kunst die schmerzlich vermisste Totalität der Erfahrung finden.

III

»Er ist ekelhaft, aber interessant.« So charakterisierte die jüngste Tochter von Tilly Wedekind den Freund ihrer Mutter, Gottfried Benn. Interessant ist Benn vor allem in seinen Widersprüchen: persönlich, politisch und poetisch. Ein gnadenloser Diagnostiker des Endes der bürgerlichen Welt, immer überkorrekt in Anzug und Krawatte. Ein Erotomane mit unglaublicher Scheu vor Gesellschaft und fremden Menschen. Anfangs begeistert von den Nationalsozialisten, gegen die er dann die Freiheit der Kunst verteidigt.

»Er war ein schwieriger Mann, nicht immer ein netter Mann, aber kein gemeiner.« So schrieb Nele, Gottfried Benns einzige Tochter, über ihren Vater. Benn hat sie mit sieben Jahren, nach dem Tod seiner ersten Frau, dänischen Zieheltern überlassen, aber die Beziehung zu ihr sein Leben lang aufrechterhalten.

Sorge, Nähe und Liebesfähigkeit blitzen immer wieder auf in den Briefen und Lebensdokumenten Gottfried Benns, aber für viele, die mit ihm Umgang hatten, überwog das Gefühl der Kälte und Distanz. Berüchtigt war seine Warnung an Besucher: »Kommen Sie pünktlich und bleiben sie nicht zu lange.«

1928 notierte Benn: »Ich bin dahintergekommen, dass ich nur allein glücklich sein kann, allein u. in mich verbissen ...« Benn war dringend angewiesen auf die Ruhe im Halbdunkel seines Arbeitszimmers, er bevorzugte hofseitige Wohnungen, die etwas Höhlenartiges hatten. Zeit seines Lebens war er von Depressionen bedroht und litt gleichzeitig unter Müdigkeit und Schlaflosigkeit: Kaffee war ihm lebenswichtig, um schreiben zu können, zum Schlafen brauchte er oft Tabletten.

»Man kann Benns geteilte Liebesfähigkeit nur bestaunen«, schreibt Wolfgang Emmerich, einer seiner Biografen, über Benns Frauenbeziehungen. Mehrmals unterhielt er zwei Beziehungen gleichzeitig und hatte daneben noch seine Affären. Als er mit 60 Jahren die um 27 Jahre jüngere Zahnärztin Ilse Kaul heiratet – es ist seine dritte Ehe –, ist Benn über eines völlig fassungslos: Er empfindet diese Frau als geistig gleichwertig. Und trotz dieser glücklichen Ehe steht 1952 in einem Brief: »Liebe ist das Elysium der Unproduktiven, derer, die nicht denken und Ausdruck schaffen können.« Erotische Faszination und persönliche Bindung, Liebe und Künstlersein – Benn konnte es sein Leben lang nur schwer in Einklang bringen.

IV

»Unendliche Scham über meinen Abstieg (...) unendliche Trauer über den Verrat, den ich an mir zu begehen plante, warf mich um.« So schrieb Gottfried Benn an den Bremer Kaufmann Friedrich Wilhelm Oelze, seinen Briefpartner durch 24 Jahre. In den Jahren 1933/34 hatte er in Radioreden den Nationalsozialismus freudig begrüßt und sich scharf gegen die Autoren der Emigration gestellt. Dabei war er nie ein richtiger Nationalsozialist; bei ihm war der Satz »Meine besten Freunde waren Juden« keine widerwärtige Ausrede, sondern Realität. Aber Benn war in diesen Jahren wohl ein Faschist; er träumte von einer Verbindung von moderner Kunst und Faschismus, wie sie in Italien zwischen dem Futuristen Marinetti und Mussolinis Faschismus möglich war.

Benn war ja antibürgerlich und antikapitalistisch eingestellt. 1931 wurde das sozialkritische Oratorium »Das Unaufhörliche« uraufgeführt, das er zusammen mit Paul Hindemith geschaffen hatte, danach arbeitete er an einem Opernlibretto für den Komponisten. In der Oper sollte es um einen Menschen gehen, der an der Weltwirtschaftskrise zerbricht. »Darf man denn einen Menschen so zermalmen«, lautet die leitmotivische Frage.

Wie Benn dann – gerade auch durch scharfe Auseinandersetzungen mit linken Autoren – zum Nationalsozialismus kam, lässt sich heute wohl erklären, aber nicht rechtfertigen. Irritierend ist, dass er auch nach 1945 öffentlich keine Worte klarer Distanzierung fand. Und gegen die Emigranten formulierte er: »Wer über Deutschland reden u. richten will, muß hier geblieben sein.«

Was wissen die Außenstehenden vom Innenleben einer Diktatur? Wer hat moralischer gehandelt: der, der fortgegangen ist und eine saubere Weste hat, oder der, der geblieben ist, sich die Hände schmutzig gemacht hat, aber anderen helfen konnte. Das Ende des Kommunismus im Jahr 1989 hat wieder gezeigt, wie schwierig die Antwort auf diese Fragen ist.

V

Am schlimmsten:
Nicht im Sommer zu sterben,
wenn alles hell ist
und die Erde für Spaten leicht.

So endet Gottfried Benns Gedicht »Was schlimm ist«. Er ist im Sommer gestorben, am 7. Juli, im Jahr 1956. Der Gedanke des Sterben-Müssens war ihm schon lange vertraut. Als er schlimme Rückenschmerzen hatte, wurde er zu einer Rheuma-Kur geschickt. Dort verschlechterte sich sein Zustand derart, dass er nicht einmal mehr schreiben konnte. An Oelze, den langjährigen Briefpartner, diktierte er einen Brief, der nur aus einer Zeile bestand: »Jene Stunde ... wird keine Schrecken haben, seien Sie beruhigt, wir werden nicht fallen wir werden steigen – Ihr B.«

In Berlin wurde er ins Krankenhaus gebracht, Lähmungen stellten sich ein. Röntgen-Aufnahmen der Wirbelsäule brachten Gewissheit: Zerstörung der Knochen durch fortgeschrittenen Krebs. Dem Arzt Gottfried Benn verschwieg man die Diagnose, aber er muss gespürt haben, dass es zu Ende ging. Zu seiner Frau sagte er: »Du darfst mich heute nicht verlassen. Du musst bei mir bleiben.« Die Nacht überstand Benn noch, doch um 8 Uhr morgens starb er. Die Sonne schien bereits hell ins Zimmer.

Ein großer Dichter, ein schwieriges Leben hatte sein Ende gefunden. Vom Nachspiel spricht eines seiner bekanntesten Gedichte, »Aprèslude«:

> Niemand weiß, wo sich sie Keime nähren,
> niemand, ob die Krone einmal blüht –
> Halten, Harren, sich gewähren
> Dunkeln, Altern, Aprèslude.

VI

> Fragmente,
> Seelenauswürfe,
> Blutgerinnsel des zwanzigsten Jahrhunderts –

so beginnt ein Gedicht Gottfried Benns aus dem Jahr 1950. Einige Strophen weiter heißt es:

> Ausdruckskrisen und Anfälle von Erotik:
> das ist der Mensch von heute,
> das Innere ein Vakuum,
> die Kontinuität der Persönlichkeit
> wird gewahrt von den Anzügen,
> die bei gutem Stoff zehn Jahre halten.

Gnadenlos hat Benn den Menschen im 20. Jahrhundert diagnostiziert: »Der bisherige Mensch ist zu Ende, Biologie, Soziologie, Familie, Theologie, alles verfallen und ausgelaugt, alles Prothesenträger.« In den wild-expressionistischen Gedichten des frühen Benn, in seinem bekanntesten Buch, den oft formelhaft verknappten »Statischen Gedichten« und im schnoddrigen Parlando-Ton seines letzten Gedichtbandes »Aprèslude« – immer ging es darum.

Und immer fand Benn dabei eine sehr eigene Sprache. Durch ihn seien »Wörter zusammengeführt« worden, »die sich sonst niemals kennengelernt hätten«, spottete sein großer Antipode Bertolt Brecht. Der Spott beschreibt unfreiwillig einen Vorzug: Benns große sprachliche Kreativität.

Mit seinen Überzeugungen geriet er oft zwischen alle Fronten. Einmal klagte er, er sei »die letzten fünfzehn Jahre von den Nazis als Schwein, von den Kommunisten als Trottel, von den Demokraten als geistig Prostituierter, von den Emigranten als Renegat, von den Religiösen als pathologischer Nihilist« bezeichnet worden. Nur einmal, in seiner verhängnisvollen Nazi-Begeisterung der Jahre 1933/34, war er daran, seine Außenseiterposition aufzugeben. Umso stärker hat er danach wieder das Pathos der Einsamkeit gesungen. Mir ist das nicht immer sympathisch. Aber Gottfried Benn hat Wörter und Verse gefunden, die mich nicht loslassen. Und die es wert sind, dass man sie nicht vergisst.

Heinrich Böll
Brot und Wein, Liebe und
Brüderlichkeit

I

»Als wir Köln wiedersahen, weinten wir.« Jahre später hat der Schriftsteller Heinrich Böll diesen Satz in einem seiner Essays geschrieben. Wiedergesehen hat er seine Heimatstadt im November oder Dezember 1945; Köln war zu 70 Prozent zerstört. Böll war 28 Jahre alt, als er nach Krieg und Kriegsgefangenschaft nach Hause kam. Hinter sich hatte er den Reichsarbeitsdienst, Einsätze als Soldat von Frankreich bis zur Krim und einen Lazarettaufenthalt. Er hatte überlebt, war aber durch Hunger und Krankheiten »sehr geschwächt, zwei Jahre lang fast arbeitsunfähig« – so hat er selbst seinen Zustand beschrieben.

Heinrich Böll war Soldat wider Willen, er hat sich mit dem Krieg nie identifiziert. Schon als er am 1. Mai 1932 seinen ersten großen Nazi-Aufmarsch sah, erschien er ihm als »blutige Lächerlichkeit«, zugleich »schrecklich und absurd«. Als Hitler an die Macht kam, sagte Bölls Mutter: »Das ist der Krieg.« Im Haus der Eltern fanden illegale Treffen katholischer Jugendverbände statt. Bölls Identifikation mit dem Katholizismus hatte auch mit diesem Widerstandsgeist zu tun.

Schwarzmarkt und die »üblichen Diebstähle«, um nicht zu verhungern und zu erfrieren: So sah Bölls Leben nach dem Krieg aus – wie das vieler Menschen in Deutschland und Österreich. Doch hinter alldem spürte Böll, wie er schrieb, noch etwas anderes: »Aber immer, trotz Trümmer, Elend, Schwierigkeiten, Hunger und so weiter, blieb das Gefühl, befreit zu sein, das entscheidende.« Aus diesem Grundgefühl heraus begann Heinrich Böll zu schreiben.

Die Erschütterung des Krieges und das Beharren auf der genauen Erinnerung, die zwischen Wiederaufbau und Wirtschaftswunder verdrängt wurde, das war der Ausgangspunkt der Literatur von Heinrich Böll. Sie hat in vielen Sprachen ein Millionenpublikum erreicht.

Im Mai 2005, zum 60. Jahrestag des Kriegsendes, sagte der tschechische Außenminister Cyril Svoboda: »Ich kann mir die Trauer einer deutschen Mutter vorstellen, die ihren Sohn verloren hat. Mir haben hier die Erzählungen von Heinrich Böll die Perspektive auf das Leid der anderen Seite eröffnet, ohne dass man Geschichte umschreiben kann.«

II

»Wir sind ein Volk von Verbrauchern, Krawatten und Konformismus, Hemden und Nonkonformismus, alles hat seine Verbraucher, wichtig ist nur, daß es sich – ob Hemd oder Konformismus – als Markenartikel präsentiert.« Heinrich Böll hat das schon im

Jahr 1960 geschrieben, und in der Zeit der allgegenwärtigen Markenlabels müsste er wohl nichts davon zurücknehmen.

Böll war einer der schärfsten Kritiker der Wiederaufbau- und Wirtschaftswunder-Mentalität, die die eigenen Erfahrungen so erfolgreich verdrängte. Bei einer nächtlichen Taxifahrt beobachtet er ein elegantes, hell beleuchtetes Versicherungsgebäude; davor steht eine Skulptur des Heiligen Christophorus. Böll notiert:

> Keiner (...) eignet sich so gut als Vorbild wie der gute Christophorus, der das lächelnde Christkind durch gefährlich gurgelnde Fluten trägt; außerdem ist er der Schutzpatron der Autofahrer, und welcher Autofahrer wäre nicht versichert? So lassen sich Geschäft mit Religion, Repräsentationspflicht mit der Pflicht, die Künste zu fördern, vereinen, man kann sogar noch öffentlich die Verachtung, die man den Abstrakten, den Entarteten schuldet, dokumentieren. Fünf auf einen Streich! Das nenn' ich mir geschickt.

Gegen die Geschickten und Erfolgreichen in Politik, Wirtschaft und in den Kirchen formulierte Heinrich Böll scharfe Satiren. Als Schriftsteller wie als Mensch setzte Böll auf die Außenseiterperspektive und legte sie auch als Literaturpreisträger nicht ab, sondern nutzte seine Popularität, um öffentlich einzutreten, wenn Freiheit, Würde eines Menschen und Gerechtigkeit verletzt wurden.

Bei der Entgegennahme des Georg-Büchner-Preises sagte Böll, seine Literatur komme nicht von oben herab aus der Besserwisserei, auch nicht von unten heraus und »noch weniger aus einer Mitte, die in sich selber ruht«, sondern »am ehesten vom Rand her, jenem unruhigen Rand der Zeitgenossenschaft«, der Georg Büchner so gegenwärtig mache. Dreißig Jahre nach seinem Tod macht diese Perspektive von außen Heinrich Böll noch immer aktuell und seine Literatur schärft den Blick dafür, wer heute ausgegrenzt wird.

III

»Das Brot der frühen Jahre« heißt eine bekannte Erzählung von Heinrich Böll. Die Erfahrung des Hungers in der Kriegs- und Nachkriegszeit kommt darin ganz direkt zum Ausdruck. Um Brot geht es auch im Hörspiel »Klopfzeichen«. Ein Mann saß in der NS-Zeit im Gefängnis, weil er einem Polen Brot und Zigaretten gegeben hatte. Seine Zelle lag zwischen der von Julius, der es verstand, aus einem halben Löffel Mehl mit einem Bügeleisen Hostien zu backen, und der eines Priesters; der Mann fungierte als »Verbindungsmann« zwischen den Klopfzeichen der beiden.

Am Vortag der Erstkommunion seiner ältesten Tochter erinnert sich der Mann daran. Als seiner Frau der Mehltopf zu Boden stürzt, bekennt er, dass er die geringste Verschwendung von Mehl nicht erträgt, weil Julius wegen eines halben Löffels Mehl ermordet wurde. Jetzt ist Mehl im Überfluss vorhanden, und in der Umgebung bürgerlicher Normalität und Wohlanständigkeit ist auch die Kommunion ohne Risiko zu »haben«, doch die Vergangenheit ist nicht gebannt. Die Besonderheit des eucharistischen Brotes kommt nicht aus der liturgischen Zeremonie und ist nicht durch die katholische Tradition »beglaubigt«, sondern dadurch, dass Julius sein Leben dafür gegeben hat.

Auch die Beziehung von Leni Pfeiffer, der Hauptfigur des Romans »Gruppenbild mit Dame«, zur Eucharistie hängt mit einer unmittelbaren Beziehung zum Brot zusammen: »Man kann sich denken, dass Leni, die zeitlebens ihre frischen Brötchen so liebte, sich um deretwillen sogar dem Spott der Nachbarschaft aussetzte, mit heftigem Begehren dieser Erstkommunionfeier entgegensah.« Doch gerade infolge der Äußerung dieses heftigen Begehrens wird Leni wegen »erwiesener Unreife und Unfähigkeit, Sakramente zu begreifen« zwei Jahre zurückgestellt; der Religionslehrer fand ihre »spontane Sinnlichkeitsäußerung« nämlich »kriminell«.

Heinrich Böll wollte die abstrakten und blutleeren katholischen Sakramenten-Rituale neu definieren, er konnte sie, wie er sagte, nur so sehen: »Immer nur im Zusammenhang mit konkreten, ich möchte sagen sinnlichen Erlebnissen von Brot und Wein und Liebe und Brüderlichkeit.«

IV

»Eigentlich interessieren mich nur zwei Dinge: die Liebe und die Religion«, hat Heinrich Böll einmal gesagt. Bei Leni Pfeiffer, der Hauptfigur des Romans »Gruppenbild mit Dame«, kommt beides zusammen. Ihre »direkte, proletarische, fast geniale Sinnlichkeit« wird mehrmals angesprochen, aber auch ihre »religiöse Begabung«, vielleicht, wie es im Roman heißt, »zu einer großen Mystikerin«.

Das Buch erzählt die Liebe einer deutschen Frau zu einem russischen Kriegsgefangenen. Wegen dieser Liebe zu Boris wird Leni als »Kommunistenhure« und »Russenliebchen« beschimpft, doch aus dieser Außenseiter-Position heraus bezieht sie auch ihre Kraft. Sie wird zur großen Widerstandsfigur gegen alles, wogegen Heinrich Bölls Literatur steht: gegen die Immobilienbesitzer und Kriegsgewinnler, gegen den Kalten Krieg und gegen Wirtschaftswunder- und Leistungsmentalität. Leni ist die totale Leistungsverweigerin, sie hofft, den »sehnlichst erstrebten Zustand der totalen Leistungsverweigerung erreicht zu haben«.

Gegen Ende des Romans geht Leni mit dem verheirateten Gastarbeiter Mehmet eine Lebensgemeinschaft ein und schockiert damit wieder ihre Umgebung. Manche Leser hat provoziert, dass Heinrich Böll seine Leni auch als eine subversive Madonna anlegte. Immer hat ihre Liebe etwas Heilendes und Heiliges. Eine ehemalige Nonne drückt das gegen

Ende des Buches so aus: »Eines Tages wird sie all diese Männer trösten, die durch sie leiden, die wird sie alle heilen.«

Die Diffamierung der sogenannten »rein körperlichen« Liebe war etwas, was Heinrich Böll dem Christentum besonders ankreidete. Für ihn war sie »die Substanz eines Sakraments«, und er zollte ihr »Ehrfurcht, wie ich auch dem ungeweihten Brot als Substanz des Sakraments Ehrfurcht zolle«. Heilig war für ihn die Liebe, die immer auch etwas Unberechenbar-Anarchisches hat, nicht die Ehe. Heinrich Böll, 40 Jahre mit seiner Frau Annemarie verheiratet und Vater dreier Söhne, war der Ehe als gesellschaftlicher und kirchlicher Institution gegenüber skeptisch und meinte: »Alle Sakramente haben eine mystische Dimension, die im rationalen, juristischen Sinn völlig unkontrollierbar ist. Sie können nicht Ehe und Liebe gleichsetzen, das geht einfach nicht.«

V

»Ich glaube (...), daß man das Wort ›Gott‹ für eine Weile aus dem Verkehr ziehen sollte«, schlug Heinrich Böll in einem Gespräch vor, und er fügte hinzu: »nicht Gott selbst, nicht das, was mit diesem Wort gemeint ist«. Die fromme Selbstverständlichkeit, mit der das Wort vielen religiösen Routiniers über die Lippen geht, war Böll ein Dorn im Auge. Und noch mehr, wenn die zur Schau gestellte Gläubigkeit nur eine Anbiederung war.

In der bekannten Satire »Doktor Murkes gesammeltes Schweigen« karikiert Böll die Figur des einflussreichen Professors und Kulturfunktionärs Bur-Malottke. Er ist ein Konvertit des Jahres 1945, das heißt einer, der es in der NS-Zeit vermieden hatte, sich durch eine Nähe zum Christentum verdächtig zu machen. Umso wichtiger war die reine religiöse Weste in der Zeit danach. In zwei Rundfunkvorträgen über das Wesen der Kunst verwendete Bur-Malottke 77-mal das Wort »Gott«. Doch schon wenige Jahre später findet er das peinlich, weil sich der Zeitgeist geändert hat. Also besteht er auf einer Aktualisierung, bei der das Wort »Gott« durch die Formulierung »jenes höhere Wesen, das wir verehren« ersetzt werden soll. Doktor Murke muss als Redakteur diese Änderung durchführen. In der Zeit der Tonbänder war das ziemlich umständlich: 77-mal muss Bur-Malottke »jenes höhere Wesen, das wir verehren« sprechen, 77-mal muss Doktor Murke den Tonbandschnipsel hineinkleben. Noch heute ist es ein Vergnügen, diese Medienkritik Bölls, aber auch diese Ironie auf die Rede von Gott zu lesen.

Böll fiel auch auf, dass öffentlich wenig von Gott gesprochen wird und die gewissen Politiker lieber das Wort »christlich« in den Mund nehmen als »Gott«. Denn »christlich« eignet sich noch viel besser als leere Worthülse, unter der man alles verstehen kann.

Weil es nicht so leicht ist, ein anderes zu finden, gab Heinrich Böll das Wort »Gott« nicht ganz auf. Für ihn war der Mensch ein »Gottesbeweis« – eine

Aussage, die seinen theologischen Gesprächspartner etwas verwirrte. Das Gefühl, auf dieser Erde fremd, nicht ganz zu Hause zu sein, und die Schwierigkeiten, einander zu erkennen und zu verstehen – dort war für Böll etwas von dem spürbar, was mit »Gott« gemeint sein könnte. Oder, wie er formulierte: »Der Wunsch, die Sehnsucht, erkannt zu werden, führt in eine andere Welt.«

VI

»Da ich mich nicht mehr Christ nennen möchte und auch nicht mehr so genannt werden möchte angesichts der Tatsache, dass alle institutionellen Verwendungen des Wortes ›christlich‹ (…) es mehr und mehr zu einem Schimpfwort machen« – so lautete die Begründung, als Heinrich Böll 1973 aus der katholischen Kirche austrat. Und er nannte in diesem Zusammenhang ausdrücklich die sogenannten christlichen Parteien CDU und CSU und die »Amtskirche«. Dabei war er der katholischste Schriftsteller, den Deutschland nach dem Zweiten Weltkrieg hervorgebracht hat.

Die Haltung der katholischen Kirche in der Frage der Wiederaufrüstung und der weiteren Hochrüstung Deutschlands war es vor allem, was Heinrich Böll abstieß. Und ihre Identifizierung mit den sogenannten »christlichen« Parteien und ihrer konservativen Politik. Er identifizierte sich lieber mit dem katholischen Irland – wegen seiner Armut und seiner politischen Schwäche; oder mit dem Jahrhunderte lang unterdrückten polnischen Katholizismus; und nicht zuletzt mit dem Katholizismus seiner rheinischen Heimat, der vom tüchtigen und effizienten Preußen verachtet wurde.

Eine noch grundsätzlichere Kritik am Katholizismus formuliert Hans Schnier in Bölls Roman »Ansichten eines Clowns«: »Meiner Ansicht nach haben Katholiken nicht den geringsten Sinn für Details.« Hans Schnier, der Clown, hat Marie, die Liebe seines Lebens, an einen »fortschrittlichen Katholiken« verloren, der ihr eine bürgerliche Ehe bot. Und er sinniert traurig vor sich hin, dass es diesem fortschrittlichen Katholiken nichts bedeute, Marie dabei zuzuschauen, wie sie den Deckel auf ihre Zahnpastatube schraubt.

Wie jemand eine Zigarette anzündet, wie jemand zu einem Glas Wasser greift, telefoniert, den Kopf hebt oder senkt und sich bewegt – diese Beschwörung der Gesten und der kleinen Details macht den Schriftsteller Heinrich Böll aus. Auch in der katholischen Religion ging es ihm um die Details, nicht um Formeln und Programme. Durch sein Werk zieht sich die Spur eines alternativen, rebellischen und republikanischen und gleichzeitig mystisch-sakramentalen Christentums. Vielleicht ist das ja auch jenen sympathisch, die am offiziellen Katholizismus so manches abschreckt. Und Katholiken mag es helfen, sich nicht von Papst und Bischöfen dekretieren zu lassen, was katholisch ist.

Bertolt Brecht
*Sprechen wir von den
Eigentumsverhältnissen!*

I

> Wer baute das siebentorige Theben?
> In den Büchern stehen die Namen von Königen.
> Haben die Könige die Felsbrocken herbeigeschleppt?

Dieser Anfang des Gedichts »Fragen eines lesenden Arbeiters« von Bertolt Brecht hat mir im Gymnasium die Augen geöffnet dafür, wie uns die Schulbücher Geschichte vermittelten: Als einen Gänsemarsch einiger großer Männer.

> Alle zehn Jahre ein großer Mann.
> Wer bezahlte die Spesen?

So lautet die letzte Frage des Gedichts. Die großen Männer werden also nicht nur überschätzt, sondern viele namenlose Menschen haben für ihre Ideen bezahlt. Auch in dem Gedicht »Von den großen Männern« macht sich Brecht über diese Spezies lustig:

> Die großen Männer tun, als ob sie weise wären
> Und reden sehr laut – wie die Tauben.
> Die großen Männer sollte man ehren
> Aber man sollte ihnen nicht glauben

heißt es da am Schluss. Das schöne daran: Brecht bezieht sich hier namentlich selbst mit ein in diese »großen Männer«. Er fordert also geradezu auf, auch ihn kritisch zu lesen. Was auch notwendig ist, fünfzig Jahre nach seinem Tod. Denn Irrtümer – etwa seine Begeisterung für die Sowjetunion – finden sich bei ihm zur Genüge, und schlechte Texte ebenfalls. Aber es gibt eben auch jenen Brecht, der in seiner Kunst Einsichten in das menschliche Zusammenleben und dessen Defekte vermitteln kann. Und der seine Texte nicht allein im abgeschlossenen Arbeitszimmer geschrieben hat, sondern mit Mitarbeitern und vor allem Mitarbeiterinnen, die er meist auch genannt hat.

Wenn man die Namen der Primarärzte auf schönen Türschildern oder der Architekten auf den Baustellen sieht oder hört, wie Geschäftsführer stolz ihre Erfolge verkünden, während Krankenpflegerinnen oder Bauarbeiter so namenlos bleiben wie alle, die man euphemistisch Mitarbeiter nennt, dann lohnt es sich zu fragen wie Brechts lesender Arbeiter: Haben Sie das allein gemacht?

II

Der Paß ist der edelste Teil von einem Menschen. Er kommt auch nicht auf so einfache Weise zustand wie ein Mensch. Ein Mensch kann überall zustandkommen, auf die leichtsinnigste Art und ohne gescheiten Grund, aber ein Paß niemals. Dafür wird er auch anerkannt, wenn er gut ist, während ein Mensch noch so gut sein kann und doch nicht anerkannt wird.

Diese Sätze stehen in Bertolt Brechts »Flüchtlingsgesprächen« – Prosadialoge, die er schrieb, als er selbst im skandinavischen Exil war. Seine Frau, die Schauspielerin Helene Weigel, war Jüdin, seine Werke wurden von den Nationalsozialisten verboten, Brecht musste also gleich weg aus Deutschland. Über Prag und Wien floh er zunächst nach Paris, um dann nach Svendborg auf der dänischen Insel Fünen zu übersiedeln. Als er auch da nicht mehr sicher war, ging es weiter nach Schweden und Finnland, danach floh Brecht über Moskau und Wladiwostok nach Los Angeles.

Im skandinavischen Exil war Brecht sehr produktiv. Einige seiner wichtigsten Werke – Stücke wie »Das Leben des Galilei« oder »Der gute Mensch von Sezuan« oder die Sammlung »Svendborger Gedichte« sind entstanden, als Brecht von seinem Publikum abgeschnitten war. Flucht und Emigration, das bedeutete letztlich auch, dass aus dem gefeierten, viel gespielten und weltberühmten Autor ein Mann wurde, der froh sein musste, wenn er in Hollywood etwas Geld verdienen konnte, auch wenn seine Mitarbeit bei einem Film nicht einmal genannt wurde.

Wenn man an Brecht denkt, darf man nicht vergessen, dass seine Zeit im Exil länger war als die, die er davor in der Weimarer Republik und danach in der DDR als Autor und Theatermann arbeiten konnte. In einem Gedicht von 1940 beschreibt Brecht, wie er von einer Stadt mit deutschen Aufschriften träumte, schweißgebadet aufwachte und beglückt feststellte: »Ich war in der Fremde.«

Asyl in der Fremde und Heimweh nach der eigenen Sprache – Millionen von Menschen machten und machen diese Erfahrung. Ich frage mich, wie viele Flüchtlinge wohl in Österreich schon die Erfahrung gemacht haben, dass ein Mensch viel einfacher zustande kommt als ein Pass.

III

Meine Schwester ist schön, ich bin praktisch.
Meine Schwester ist ein bißchen verrückt, ich bin bei Verstand.
Wir sind eigentlich nicht zwei Personen
Sondern nur eine einzige.
Wir heißen beide Anna.

Diese Sätze stehen im ersten Lied des Balletts »Die sieben Todsünden der Kleinbürger«. Der Text stammt von Bertolt Brecht, die Musik von Kurt Weill. Mehrmals haben die beiden zusammengearbeitet, auch im Welterfolg »Dreigroschenoper«.

Zwei Menschen, die eigentlich einer sind, gespaltene Persönlichkeiten – das hat Brecht in verschiedenen Stücken dargestellt, vor allem in »Der gute Mensch von Sezuan«, wo die Prostituierte Shen Te, die zur kleinbürgerlichen Unternehmerin aufsteigt, von der Forderung der Götter, »gut zu sein und doch zu leben« schließlich »wie ein Blitz in zwei Stücke« zerrissen wird. Die Nächstenliebe, die sie üben will, zerstört ihr Unternehmen, daher erfindet sie den Vetter Shui Ta, der als rücksichtsloser Ausbeuter die wirtschaftliche Existenz garantiert. Private Wohltätigkeit und systematische Ausbeutung – so zeigt Brecht den Kapitalismus. In der Komödie »Herr Puntila und sein Knecht Matti« ist Puntila in nüchternem Zustand ein rücksichtsloser Arbeitgeber, während er sich betrunken mit seinem Personal verbrüdert und mit Hundert-Mark-Scheinen um sich wirft. Wie sehr eine individualistische Wohltätigkeit scheitert, wollte Brecht vor allem in seiner »Heiligen Johanna der Schlachthöfe« zeigen, die in der Wirtschaftskrise von 1929 spielt. Ein Bilderbuchkapitalist, der Büchsenfleischkönig Mauler in Chicago, instrumentalisiert die Heilsarmistin Johanna Dark, ihre Wohltätigkeit verhindert einen Arbeiteraufstand.

»Kameraden, sprechen wir von den Eigentumsverhältnissen!«, forderte Brecht 1935 in Paris mit Blick auf den Faschismus. Dass Brecht über dieser Frage viele andere – von den Mechanismen der Massenpsychologie bis zur Wichtigkeit einer funktionierenden Demokratie – übersehen hat, ist wohl wahr. Angesichts verschachtelter Großunternehmen und schwer durchschaubarer Medienkonzentrationen scheint mir heute aber Brechts Aufforderung nur allzu aktuell: »Sprechen wir von den Eigentumsverhältnissen!«

IV

Einer fragte Herrn K., ob es einen Gott gäbe. Herr K. sagte: »Ich rate dir, nachzudenken, ob dein Verhalten je nach der Antwort auf diese Frage sich ändern würde.

Würde es sich nicht ändern, dann können wir die Frage fallenlassen. Würde es sich ändern, dann kann ich dir wenigstens noch so weit behilflich sein, daß ich dir sage, du hast dich schon entschieden: Du brauchst einen Gott.«

Diese kurze Anekdote in Brechts »Geschichten vom Herrn Keuner« gibt mir seit Jahren zu denken: Ein Gott ohne Ethik, der keine Konsequenzen für das Verhalten hat, ist eine Chimäre, das leuchtet mir ein. Aber kann man jemanden, der sein Verhalten mit Gott begründet, einfach auf die Formel reduzieren: Du brauchst einen Gott? Und kann man Religion so auf Ethik reduzieren? Ist sie nicht auch eine Form des Lobes und Dankes für viele unbegreifliche Schönheiten des Lebens? Und ein Aufschrei gegen das Leid und ein Protest gegen die Welt, wie sie ist?

Letzteres hat Brecht sicher nicht gesehen, weil er es wohl auch nicht erfahren hat. Er kannte nur eine Religion des Einverständnisses – vor allem mit Unterdrückung und Ausbeutung. Und so schrieb er ein Gedicht gegen religiöse Verführung, das mit der Strophe schließt:

> Laßt Euch nicht verführen
> Zu Fron und Ausgezehr!
> Was kann euch Angst noch rühren?
> Ihr sterbt mit allen Tieren
> Und es kommt nichts nachher.

Dieses Gedicht bildet das Schlusskapitel von Brechts »Hauspostille«, die sich formal ganz an Martin Luther anlehnt, inhaltlich aber das Gegenteil predigt. Brechts protestantischer Religionsunterricht ist allenthalben spürbar – noch in den »Hitler-Chorälen« wird auf das evangelische Gesangsbuch angespielt. Und auf die Frage nach seinem Lieblingsbuch antwortete Brecht: »Sie werden lachen, die Bibel.« Er hat in seiner Jugend auch einige Psalmen geschrieben – auch hier wird die Form gegen den religiösen Inhalt gewendet. Bei den Psalmen ist das eine faszinierende Spannung, in schlechteren Gedichten ist Brecht das, was er selbst einmal Gottfried Benn vorgeworfen hat: »ein Pfaffe mit umgekehrten Vorzeichen«.

Bewegend ist eines der letzten Gedichte Brechts, wo er im Spitalszimmer an den Tod denkt und schreibt: dass »nichts / Mir je fehlen kann, vorausgesetzt / Ich selber fehle«. Danach kann er sich über die Amsel freuen, die auch nach ihm singen wird.

V

In meine Schaukelstühle vormittags
Setze ich mir mitunter ein paar Frauen
Und ich betrachte sie sorglos und sage ihnen:
In mir habt ihr einen, auf den könnt ihr nicht bauen.

Was Bertold Brecht 1920 in dem Gedicht »Vom armen B. B.« ausgesprochen hat, mussten viele Frauen leidvoll erfahren. Ist es schon schwer, sich alle Kinder von Brecht zu merken, so ist das unmöglich bei seinen Frauenbeziehungen. Immer waren gemeinsame Arbeit und Erotik verbunden, und immer bindet er seine

Geliebten fest an sich, während er den eigenen Freiraum verteidigt. Was er mit dieser Taktik angerichtet hat, lässt einen frösteln: Seine langjährige intensive Mitarbeiterin Elisabeth Hauptmann versuchte, sich das Leben zu nehmen, als er Helene Weigel heiratete. Ruth Berlau, die ihm aus dem dänischen Exil in die USA und dann nach Ostberlin folgte und unschätzbare Arbeit leistete, gebar ein Kind von ihm, das nur neun Tage lebte, wurde dann psychisch krank, begann später angesichts ihrer jungen Konkurrentinnen zu trinken und nannte sich selbst öffentlich die Hure eines Klassikers. Auch die Schauspielerin Käthe Reichel unternahm einen Selbstmordversuch, als Brecht mit zwei weiteren Frauen Beziehungen einging. Und da war noch Margarete Steffin, mit der er eine besonders vertraute und literarisch produktive Beziehung unterhielt. Wobei Brecht auf ihre Tuberkulose-Erkrankung keine Rücksicht nahm und einen Arzt schroff wissen ließ: Jetzt kann sie nicht im Krankenhaus liegen, denn ich brauche sie.« Auf der Flucht nach Amerika ließ Brecht sie in einem Moskauer Krankenhaus zurück, wo sie dann starb.

Trotzdem: Brecht war kein Monster, sondern eine eigenartige Mischung aus Brutalität und Zärtlichkeit. Er konnte knappe, einfache Liebesgedichte schreiben – wie etwas das folgende, das er Ruth Berlau nach Spanien schickte:

> Der, den ich liebe
> Hat mir gesagt
> Daß er mich braucht.

Darum
Gebe ich auf mich acht
Sehe auf meinen Weg und
Fürchte von jedem Regetropfen
Daß er mich erschlagen könnte.

VI

In der Frühe
Sind die Tannen kupfern.
So sah ich sie
Vor einem halben Jahrhundert
Vor zwei Weltkriegen
Mit jungen Augen.

Der junge Tag und das junge Leben – auf sehr nachvollziehbare Weise sind sie in dem Gedicht »Tannen« von Bertolt Brecht verbunden. Für den Rückblick des Alters blieb ihm wenig Zeit: 58 Jahre war er alt, als er am 14. August 1956 an einem Herzinfarkt starb. Herzprobleme hatten ihn seit seiner Jugend begleitet.

Zu Lebzeiten wurde er angefeindet und vergöttert, seine Theaterarbeit mit dem Berliner Ensemble war international bekannt und ausgezeichnet, viele seiner Werke sind bis heute weltbekannt. Der Mensch Bertolt Brecht freilich ist widersprüchlich und eine der unsympathischsten Figuren der Literaturgeschichte. Als 1937 der Internationale Schriftstellerkongress zur Verteidigung der Kultur in Madrid abgehalten wurde, hatte Brecht nicht den Mut, sich in das Kampfgebiet zwischen Francotruppen und

Republikanern zu begeben – dafür ließ er seinen flammenden Appell zur gewaltsamen Gegenwehr dort verlesen. Dazu sein strategischer Umgang mit der Wahrheit: Stalin und seine Schauprozesse hat er nie öffentlich kritisiert. Auch in der DDR ging er viele Kompromisse ein und hatte keine Probleme, sich von Kulturminister Johannes R. Becher zu einem Sportcabriolet verhelfen zu lassen. Er brauchte ja ein Auto, um zu seinem schönen Zweitwohnsitz in dem Dorf Buckow zu gelangen. 1955 nahm er in Moskau den Stalin-Friedenspreis entgegen, um sich dann die Hälfte des Preisgeldes auf ein Schweizer Bankkonto überweisen zu lassen.

Aber vielleicht muss man, wenn man über den Menschen Brecht spricht, einfach eine Strophe seines wohl bekanntesten Gedichtes »An die Nachgeborenen« beherzigen:

> Ihr, die ihr auftauchen werdet aus der Flut
> In der wir untergegangen sind
> Gedenkt
> Wenn ihr von unseren Schwächen sprecht
> Auch der finsteren Zeit
> Der ihr entronnen seid.

Christine Busta
Aber ich hatte genug zum Staunen

I

In Enge und Not bin ich aufgewachsen,
aber ich hatte genug zum Staunen ...

– so beginnt die »Kurzbiographie« von Christine Busta. Geboren im Kriegsjahr 1915 in Wien als Kind einer jungen allein stehenden Mutter, die als Dienstmädchen und Verkäuferin arbeitete. 1929, in der Weltwirtschaftskrise, war Christine Busta gerade 14 Jahre alt. Ihre Mutter wurde arbeitslos, und so musste sie von nun an mit Nachhilfestunden ihren Lebensunterhalt selbst verdienen. Christine Bustas Sympathie für die Armen ist keine theoretische, sie hat Enge und Not nur zu gut gekannt. Der Blick für das Kleine, Unscheinbare ist ein Motor ihrer Gedichte – und das Staunen, das sie selbst als Gegenpol nennt zu den erfahrenen Nöten.

Nach der Matura studierte Christine Busta einige Semester Germanistik und Anglistik, aber ein Nervenzusammenbruch und finanzielle Gründe zwangen sie, das Studium abzubrechen. 1940 heiratete sie, 1942 musste ihr Mann einrücken, seit 1944 galt er als vermisst. Als Hilfslehrerin und Dolmetscherin schlug sich Christine Busta durch, bis sie 1950 eine Anstellung als Bibliothekarin bei den Wiener Städtischen Büchereien fand. Gedichte schreiben – das

konnte bis zu ihrer Pensionierung im Jahr 1978 nur
»Nebenbeschäftigung« sein. Was diese Situation für
sie bedeutete, hat sie auch in einem Gedicht formuliert:

> Um die Schlafjahre, die ich mir abstehlen mußte
> zum Bücherlesen, zum Lernen und Schreiben,
> bin ich früher gealtert als andre
> und jünger geblieben mit grauem Haar.

Nur an wenigen Stellen spricht Christine Busta so unverstellt von sich selbst. Aber indirekt sind die Erfahrungen ihres kargen Lebens oft in ihre Gedichte eingegangen und zu dem geworden, als was sie diese einmal bezeichnet hat:

> Leben
> in Bernstein geborgen,
> begraben.

II

> Du kennst mich nicht, wenn du die Hinterhöfe
> nicht kennst mit ihren unentwegten Bäumen

– so beginnt das Gedicht »Meine Hinterhöfe« von Christine Busta. »Unentwegt« nennt sie die Bäume: Verkörperung von Ausdauer und Widerstand. Oft sind es bei ihr Naturbilder, in denen sich die Hoffnung materialisiert.

Auch religiöse Bilder münden bei Christine Busta oft in eine Naturdimension. In ihrem »Schneepsalm« überblendet sie die Anrede des Schnees mit der Gottesanrede (was durch die Schnee-Farbe Weiß, die traditionell Gott zugeordnet wird, schlüssig ist) – die Naturbilder werden transparent auf ein Du, dessen Name ausgespart bleibt:

> Lautloser, der das Vertraute entfremdet,
> wird uns Deine Fülle begraben,
> werden Flüche das Lob ersticken?
> Morgen vielleicht schon wird uns Dein Weiß
> blenden und Du beginnst zu tauen.
> Herrlicher! Dann nenn ich Dich Sonne.

Wenige Worte brauchte Christine Busta, um in Naturbildern eine Stadt zu beschreiben. Das bekannte »Herbst über Wien« beginnt mit den Zeilen:

> Die Abende blasen rote Fanfaren
> und schütten Laub in den goldenen Ofen,
> der Frost bäckt.

Aber auch noch die Todesahnungen ihrer letzten Jahre sind zu Naturbildern geworden, etwa wenn sie vom Hinübersterben »in eine neue Jahreszeit« schreibt:

> Sie riecht nicht nach jungem Laub und Gras,
> sie heißt Nimmergrün und Amselstumm
> und riecht schon nach Fels und Schnee.

Trost ist die Natur selbst noch in diesen Todesbildern. Trost ist etwa anderes als das Vorgaukeln einer heilen Welt. Gerade weil sie nicht heil ist, braucht es diesen Trost.

III

Eh ich die Donau kannte,
stand ich am Ufer des Jordan

– so beginnt Christine Busta ihr Gedicht »Das Erbe«: Die biblische Landschaft scheint vertrauter als die reale Umgebung in Wien. Hartnäckig hat man daraus das Klischee einer katholischen Dichterin gemacht. Auch wenn man nur ein bisschen genauer hätte nachlesen müssen, wie sie sich selbst definierte:

> Ich bin eine durch
> das Christentum
> gebrochene Heidin.
>
> Aber ich bin für diese
> Brechung dankbar.

In einem anderen Gedicht spricht sie von »den Wänden meiner heimlichen Kirche / die ich mir selber mit Bildern ausmale«; darin versammelt sie den guten Hirten und Pan, den verlorenen Sohn »im Gespräch mit Odysseus« oder »Sankt Franziskus, singend mit Orpheus«. In der Kirche dieses Gedichts gibt es ein Altarbild, auf dem Veronika nicht wie in der christlichen Tradition Jesus, sondern Judas das Schweißtuch reicht – »gegen den Strick der Verzweiflung«.

Es ist gerade die Umprägung christlicher Sujets, Formeln und Bilder, die Bustas Gedichte interessant machen; und oft ihr Hereinholen ins Intime, wie etwa am Anfang des Gedichtes »Anrufung«:

> Vater unser, der du bist in dem Himmel
> und im Munde des Freundes, geheiligt werde dein
> Name ...

Mehrmals wird ein Gedicht als Gebet oder als Psalm bezeichnet, aber gerade sie sind keine konventionellen religiösen Texte, sondern eine irritierende Reibung an der Erwartung, die mit solchen Titeln angesprochen wird. Und es ist keineswegs die Harmlosigkeit einer selbstverständlichen Zuversicht, die aufkommt, wenn Christine Busta zu religiösem Vokabular greift. Die folgenden vier Zeilen stehen für viele verzweifelte Dunkelheiten:

> Mit dem Gesicht an der Erde
> freß ich mir Bissen um Bissen mein Grab.
> Aber Gott, der furchtbare Reiter,
> steigt nicht von meinem Rücken.

IV

> AUS ALL DEN VORLÄUFIGEN JAHREN
> die Hoffnung zurückgenommen,
> das erste Wort längst verbraucht,
> die Liebe ein Hundeknochen,
> den du zahnlos verteidigst.

Mit dieser Bilanz beginnt ein Gedicht in Christine Bustas Gedichtband »Salzgärten«. Und sie fügt ihr nur noch die Frage hinzu:

> Wer hilft uns das bißchen Atem sparen
> für ein letztes Erbarmen, das schweigt?

Wenn Christine Busta in den frühen Gedichten der Nachkriegszeit zu schönen und harmonischen Bildern griff, so waren diese keine Verklärung der schlechten Wirklichkeit, sondern ein Gegenentwurf dazu. Als die Rede von der Hoffnung zum wohlfeilen Gerede verkam, hat Busta härtere und sprödere Töne gefunden.

In dem Gedicht »Chronik« lässt sie Pieter Bruegel das Bild »Kreuztragung« in dem Wissen malen, dass die Welt »schön und schrecklich« ist – eine treffende Kurzformel für ihre eigene Sicht auf die Welt. Der heilen Welt misstraute sie: »Während versehrbares Leben / zu heilen Bildern gerann, / sind Kinder und Tauben verblutet«, lautet das Ende des Gedichts »Vor Picassos Kind mit der Taube«.

In einem Brief betonte sie, »daß, wo ich Schönes, Freundliches, Gutes aufzuzeigen mich bemühe, ich es tue aus dem Gefühl seiner Verletzlichkeit u. Zerstörbarkeit u. daß ich hoffe, daß diese Angst warnend u. unüberhörbar mitschwingt«.

»Verletzlichkeit« – unter dieser Perspektive blickte Christine Busta im Gedicht »Psalm« auf die Welt: »Verletzlicher Mahlstern Erde / Wasserstaub, Steinstaub, / Lichtstaub«, lautet die erste Strophe. Aber Christine Busta hat nicht nur auf die Erdkugel als Ganzes geblickt, sondern vor allem auf den Mikrokosmos von Gesichtern und Lebensgeschichten.

V

VON DER SONNENBLUME
möchte ich lernen,
wie ich Dir mein Gesicht
zuwende.

Dieser schlichte Vierzeiler ist das zweite Gedicht des Bandes »Wenn du das Wappen der Liebe malst...« von Christine Busta. Liebe intimisiert auch die Natur – schon indem sie vorgibt, von ihr zu lernen, deutet sie sie auf den Menschen hin. Aus den Farben der Natur will sie dem Geliebten auch eine »Abstrakte Ikone« – so der Titel eines Gedichts – malen; aus den Farben:

Nebelweiß, Steingrau, Wacholdergrün,
Sonnenblau, Sanddornrot,
Rohrkolbenbraun und Wassersilber.

1983, vier Jahre vor ihrem Tod, hat Christine Busta ihre große Liebe wiedergefunden. Dem sind die Liebesgedichte des Bandes »Inmitten aller Vergänglichkeit« zu verdanken, in dem gegen Ende die Verszeilen stehen:

Unser getrennt getreues Leben,
bis uns der Tod nicht mehr scheiden kann.

Dem postumen Gedichtband »Der Himmel im Kastanienbaum« ist der Schmerz eingeschrieben, als diese Liebe wieder zu zerbrechen schien:

Nie wieder werde ich ohne dich
durch meine unser gewordene Stadt
gehen können, ohne daß jeder verborgene

Blickwinkel nach dir schreit und mich
zur Ausgestoßenen macht.

Über diese beglückenden und schmerzhaften Erfahrungen hinaus ist Liebe der Grundgestus der Lyrik von Christine Busta – eine Liebe nicht nur zwischen zwei Menschen, sondern eine, die sich weitet zum genauen Blick auf die Welt und die Bedürftigkeit naher und ferner Menschen und die in ihren Bildern die Natur mit einbezieht.

VI

Sag:
Grasnarbe.
Sag es langsam.

Du sprichst
ein vollkommenes
Gedicht.

Aus diesen sechs Zeilen besteht das Gedicht »Entdeckung« in Christine Bustas Band »Salzgärten«. In radikaler Reduktion erklärt es ein einziges Wort zum Gedicht. Als ich Christine Busta 1987, wenige Monate vor ihrem Tod, zum ersten und einzigen Mal begegnet bin, hat sie mir diese Zeilen als Widmung ins Buch geschrieben – mit dem Zusatz: »zur Erhellung dessen, was für mich Sprache – auch vom Klang des gesprochenen Wortes her – bedeutet.«

Christine Bustas Anfänge kommen von Trakl und Rilke her, und gerade hier ist die klanglich-musikalische Komponente des Gedichtes nicht von den Inhalten zu trennen. Auf den Klang allein hat sie freilich nie gesetzt.

> Die Sprache, der du im Wort bleibst,
> wird nicht geredet,
> sie wird erlitten

– so beginnt das Gedicht »Die Sprache« in den »Salzgärten«. Aus dieser erfahrungsgesättigten Sprache, für die hier viele Bilder gefunden werden, kommen dann auch die »Sonnengesänge«.

In einem Widmungsgedicht an Hilde Domin reduziert sie deren berühmten Buchtitel »Nur eine Rose als Stütze« mit den zwei Zeilen: »manchmal ist es ein Grashalm, / viele greifen in nichts als Wind«, um dann hinzuzufügen:

> Einige aber hält
> der Atem des Wortes
> in Schwebe.

Das Wort genügt denen, die sich an die Poesie halten, da braucht es nicht einmal das Symbol der Rose. Christine Bustas Gedicht aber spricht vom »Atem des Wortes« – sie meint also ein lebendiges Wort und wohl auch eine spirituelle Dimension. In der Religion wie in der Kunst ist dieser Atem lebendig. In dem Gedicht »Vom Gesang« nennt sie die singenden Jünglinge im Feuerofen aus dem alttestamentlichen Buch Daniel und Pablo Nerudas Bericht über Nazim Hikmet, der ebenfalls, nachdem er in die Jauchengrube gestoßen worden war, zu singen begann. Christine Bustas Schlussstrophe hält fest, wie religiöse Märtyrer und verfolgte Künstler etwas bezeugen, das ihren gewaltsamen Tod überlebt:

> Die Schergen sind immer schlecht beraten,
> manchmal auch die Verfolgten.
> Doch der Gesang behält recht.

Albert Camus
Das Leben bejahen bis in seine Leiden hinein

I

Albert Camus, berühmt geworden durch seine Romane »Der Fremde« und »Die Pest«, wurde 1913 in einem kleinen Dorf nahe Algier geboren. Algerien war seine eigentliche Heimat, dort verbrachte er mehr als die Hälfte seines Lebens, bevor er 1940 nach Paris ging; dieses Land hat ihn geprägt. Als Camus 1957 den Literatur-Nobelpreis erhielt, kündigte er einen Roman an, der ihn in die Welt seiner Kindheit zurückführen sollte. Der tödliche Autounfall am 4. Jänner 1960 riss ihn aus der Arbeit an diesem Buch. 144 Manuskriptseiten fanden sich in seiner Aktentasche, die aus dem Autowrack geborgen wurde.

»Der erste Mensch« heißt dieser Romantorso, der erst seit 1995 auf Deutsch zu lesen ist. Er beginnt mit der Suche nach dem Vater; der ist als Soldat im Ersten Weltkrieg gefallen, als Albert Camus ein Jahr alt war. Erst als Vierzigjähriger konnte er das Grab des Vaters in Frankreich besuchen; im Roman beschreibt er den Schock, als ihm bewusst wird, dass der Vater bei seinem Tod jünger war als er. Der erste Mensch, das ist Albert Camus selbst, weil er sich seine Werte und seine Lebenswelt selbst schaffen musste.

Ja, so hatte er gelebt, mit den Spielen des Meeres, des Windes, der Straße, unter dem Druck des Sommers und den schweren Regenfällen des kurzen Winters, ohne Vater, ohne überlieferte Tradition, aber ein Jahr lang mit einem Vater, den er gerade in dem Augenblick fand, als er ihn brauchte, und weiter voran durch die Menschen und Dinge, die Erkenntnis, die sich ihm eröffnete, um sich so etwas wie ein Verhalten zu fabrizieren (das vorläufig ausreichend war für die Situationen, die sich für ihn ergaben, später aber im Umgang mit dem Krebs der Welt unzureichend) und um sich seine eigene Tradition zu erschaffen.

Der Vater, den er fand, als er ihn brauchte, war sein Grundschullehrer Louis Germain. Er machte das Unvorstellbare möglich: Albert Camus, der Sohn einer fast gehörlosen Hausgehilfin, konnte das Gymnasium besuchen. Die Mutter, die in einer Welt ohne Worte lebte, und die Großmutter, die mit eiserner Härte den Haushalt regierte, waren Analphabetinnen. Zu Hause konnte Camus nicht von der Schule sprechen, und in der Schule nicht von seiner Familie; er war froh, dass die Mutter einigermaßen gelernt hatte, ein Formular zu unterschreiben. Nicht nur einmal schämte er sich seiner Herkunft – und dafür, sich geschämt zu haben.

Aber über alle Stationen seines Lebens hinweg verband ihn eine stumme, hoffnungslose Liebe mit seiner Mutter. Als ihm der Nobelpreis zugesprochen wurde, war sie die Erste, die er anrief. Und »Der erste Mensch« trägt die Widmung: »Dir, die Du dieses Buch nie wirst lesen können.«

Wer keine bürgerliche oder bäuerliche Familientradition als Rückgrat hat, wer sich aus der bedrückenden Enge seiner Herkunft entfernen wollte und musste, wer die Chance hat und gezwungen ist, seine Lebensregeln und seinen Lebensstil selbst zu erfinden, kann bei Camus eine Ermutigung finden – gerade deswegen, weil es auch ihm nicht immer gelingt. Mir ist Albert Camus, wenn er seine spärlichen Wurzeln ausleuchtet und annimmt, besonders nahe.

II

»Der Fremde« und »Der Mythos von Sisyphos« gehören zu den bekanntesten Werken von Albert Camus. Aus ihnen spricht die Absurdität der Welt oder, wie sich Camus einmal ausdrückt, die Zerrissenheit »zwischen der Frage des Menschen und dem Schweigen der Welt«. Diese Absurdität ist für Camus' Denken der unbezweifelbare Ausgangspunkt, aber nicht der Schluss, zu dem er gelangt, oder gar eine Lehre, die er propagieren möchte. »Das Gegengewicht zum Absurden bildet die Gemeinschaft der Menschen«, notierte er einmal in seinem Tagebuch.

Camus' Weltsicht kommt schon in seinem ersten veröffentlichten Werk, der Essay-Sammlung »Licht und Schatten«, prägnant zum Ausdruck: »Das Elend hinderte mich zu glauben, daß alles unter der Sonne gut sei. Die Sonne lehrte mich, daß die Geschichte nicht alles ist.«

Die Sonne ist an dieser Stelle wohl nicht nur das uralte mythische und philosophische Symbol, sondern das sinnlich-konkret erfahrene Sonnenlicht seiner proletarischen Kindheit. Aber Camus ist kein platter Romantiker, der sich aus kitschigen Sonnenuntergängen eine Weltanschauung zimmert. In Algerien, wo er geboren und aufgewachsen ist, kann die Sonne lebensbedrohend sein; die Wüste ist nahe. Kein Zurück zur guten Natur wird hier verkündet, aber die Natur, »das Evangelium aus Stein, Himmel und Wasser«, wie Camus an anderer Stelle schreibt, illustriert, dass die Geschichte nicht alles ist.

Natur und Geschichte sind nicht gut, die Welt ist nicht in Ordnung. Camus war immer ein aktiver, politisch denkender Zeitgenosse, der sich über den deutschen und spanischen Faschismus ebenso empörte wie über die Schauprozesse und Lager in der Sowjetunion unter Stalin. Als Chefredakteur der illegalen Widerstandszeitung »Combat« (Der Kampf) im besetzten Paris war Camus mitten im Strudel des 20. Jahrhunderts. Er war nie ein Optimist in Bezug auf die Lage der Welt, aber er gab die Hoffnung nicht auf, »dass es am Menschen mehr zu lieben als zu verachten gibt«, wie Dr. Rieux, die Zentralfigur der »Pest«, am Ende des Buches sagt. Der Nihilismus hat nicht das letzte Wort bei Camus, und in einem Essay des Jahres 1950, »Das Rätsel«, denkt er über die Grundlagen seiner Lebensbejahung nach:

> Im schwärzesten Nihilismus unserer Zeit suchte ich nur Gründe, ihn zu überwinden. Übrigens nicht aus Tugend, noch aus einer seltenen Seelengröße heraus, sondern aus instinktiver Treue zu jenem Licht, in dem ich geboren wurde und in welchem seit Jahrtausenden die Menschen gelernt haben, das Leben zu bejahen bis in seine Leiden hinein.

Camus' Weltsicht und Lebensbejahung ist nicht ideologisch, aber er ist auch immun gegen jedes unverbindliche Hoffnungsgelaber. Camus bezeugt in einfachen Worten seine Erfahrungen. Ich habe oft die Erfahrung gemacht, dass ich sie mit ihm teile und dass ich sie mit Menschen teilen kann, die in sehr verschiedenen Welt- und Lebensanschauungen zu Hause sind.

III

Albert Camus hat zu keiner Religion einen Zugang gefunden. Am nächsten stand ihm das Kosmos-Denken der Griechen, und das Sonnenlicht seiner algerischen Heimat war für ihn immer auch das Licht Griechenlands. In seinen Tagebüchern findet sich die Notiz: »Den Übergang vom Hellenismus zum Christentum genauer untersuchen, diesen wahren und einzigen Wendepunkt der Geschichte.«

Camus empfand sich als Grieche in einer vom Christentum geprägten Umwelt. Leidenschaftlich wandte er sich gegen die Abwertung der Welt und die Unterdrückung des Körpers – in seiner Diplomarbeit an der Universität Algier hatte er sich mit Augustinus auseinandergesetzt, den er schätzte, weil er das Übel in der Welt ernst nahm. Schwer tat sich Camus mit der persönlichen Gottesvorstellung des Christentums. In den Tagebüchern seiner letzten Lebensjahre – sie wurden 30 Jahre unter Verschluss gehalten und liegen erst seit 1991 auf Deutsch vor – notierte er: »Ich lese oft, ich sei Atheist, ich höre oft von meinem Atheismus reden. Aber diese Worte sagen mir nichts, sie haben keinen Sinn für mich. Ich glaube nicht an Gott und ich bin kein Atheist.«

Camus empfand Hochachtung vor einem aufrichtig gelebten Christentum, das nicht mit politischen Unrechtsregimen kollaborierte. In einer Rede vor Dominikanern, die ihn 1946 zu sich eingeladen hatten, warnte er sogar vor einem »areligiösen Pharisäertum«, das mehr von den Christen fordere als von sich selbst. Camus hat auch von sich bekannt, dass er einen Sinn für das »sacré« habe, für das Heilige, wie man übersetzen müsste, wäre es nicht zu pathetisch. Camus spürte, dass das Leben ohne diese Dimension in die Banalität und Beliebigkeit versinkt.

Albert Camus, der leidenschaftliche Fußballspieler, der seit früher Jugend an Tuberkulose litt und von Erstickungsanfällen heimgesucht wurde, Camus, der Schauspieler, Theaterfanatiker und Liebhaber, lebte in und mit seinem Körper. Gerade das Uneindeutige, die Ambivalenz dieser Körpererfahrung, spricht er im Tagebuch mit religiösen Bezügen an:

»Das Fleisch, das arme Fleisch, erbärmlich, schmutzig, verfallen, erniedrigt. Das heilige Fleisch.«

Religiös sein heißt nicht, wie ein anderer glauben, seine Erfahrungen in vorgeformten Sprachformeln abspielen. Religiös sein heißt vor allem, das Mysterium der Welt und des Lebens nicht auflösen; das Erbärmliche und das Große anzunehmen. Das vor allem habe ich von Camus gelernt.

IV

Albert Camus wurde als Schriftsteller und Denker in die großen politischen Kämpfe des 20. Jahrhunderts verstrickt: als Journalist in seiner algerischen Heimat, wo er als junger Mann in die kommunistische Partei eintrat, aus der er bald ausgeschlossen wurde, als Chefredakteur der Résistance-Zeitung »Combat« im Pariser Untergrund, als leidenschaftlicher Publizist. Nie ließ er sich dabei von einem Lagerdenken leiten. Camus war der einzige Chefredakteur Frankreichs, der den Atombombenabwurf der Amerikaner auf Hiroshima entschieden verurteilte. Er verstand sich immer als Linker, aber er schwieg nicht zur Niederschlagung des Arbeiteraufstandes in der DDR 1953 und des Ungarn-Aufstandes 1956 durch die Sowjetunion. Er sprach offen vom »Sozialismus der Galgen«. Camus verabscheute Gewalt – auch zur Durchsetzung sogenannter »richtiger« politischer Ziele; für ihn ging es darum, »weder Henker noch Opfer« zu sein. Als er seinen Essay »Der Mensch in der Revolte«

veröffentlichte, der seine politische Sicht zusammenhängend reflektiert, kam es zum Bruch mit Jean-Paul Sartre und vielen ehemaligen Freunden. Camus stellte die konkreten, heute lebenden Menschen vor alle politischen Utopien. Eine kurze Tagebucheintragung aus dem Jahr 1953 über den russischen Schriftsteller Lev Tolstoi illustriert sehr genau Camus' Vorbehalte gegen Revolutionen: »Er haßte die unwissenden und dünkelhaften Revolutionäre, die die Welt verwandeln wollen, ohne zu wissen, wo das wahre Glück ist.«

Glück und Glücksverlangen ging für Camus vor Einsatz und Heldentum – die Dialoge der »Pest« zwischen dem Arzt Dr. Rieux und seinem Mitkämpfer Tarrou kreisen oft um dieses Thema. Camus hatte keine individualistisch verengte Glücksvorstellung, sondern eine, die von der Armut und Solidarität seiner Herkunftswelt geprägt war. Gerade das Glücksstreben ist der Ort, wo Camus den unbedingten Wert jedes menschlichen Lebens und die Verantwortung des Einzelnen verteidigte.

Camus, der unbestechliche Kommunismus-Kritiker, ließ sich aber auch von kreuzzüglerischen Antikommunisten nicht vereinnahmen. In seinem Tagebuch vermerkte er: »Diese Linke, der ich angehöre, ihr und mir zum Trotz.«

Was ich an Camus immer bewundert habe: dass es möglich ist, einer Gesinnungsgemeinschaft anzugehören und doch unbestechlich die Fehler der eigenen Seite beim Namen zu nennen. Jeder, der einer

Partei, einer Weltanschauungsgemeinschaft, aber auch einer Kirche angehört und aufrichtig bleiben will, kann von Camus lernen.

V

Albert Camus, aus dessen Werk die Annahme des Lebens spricht, wusste, dass er nicht lang zu leben hatte. Wenn er es vergaß, erinnerte ihn ein erneuter Ausbruch der Tuberkulose daran, die ihn seit seiner Jugend nicht mehr losließ. Camus konnte mit seinen Kräften nicht haushalten und außerdem keiner Zigarette widerstehen.

Erstickungsanfälle und düstere Todesahnungen durchziehen die Tagebücher der letzten Lebensjahre. Das Manuskript des unvollendeten Romans »Der erste Mensch« endet mit der Hoffnung »alt zu werden und ohne Aufbegehren zu sterben«. Gestorben ist Camus plötzlich und unvorbereitet bei einem Autounfall: Sein Verleger Gallimard wollte ihn aus Lourmarin, wo er sich vom Geld des Nobelpreises ein Haus gekauft hatte, nach Paris bringen. Das war am 4. Jänner 1960. Der Wagen kam ins Schleudern, prallte gegen einen Baum, und Camus war auf der Stelle tot.

Eine Tagebucheintragung aus den letzten Lebensjahren Camus geht mir manchmal nach: »Gewisse Abende, deren Milde sich lange hinzieht. Die Gewissheit, daß solche Abende auch nach uns wiederkehren werden, hilft uns beim Sterben.«

Lange dachte ich, der eigentliche Unterschied in der Sicht auf den Tod sei, ob ein Mensch eine Jenseitshoffnung hat oder nicht. Camus hat mich nachdenklich gemacht: Vielleicht kommt es vor allem darauf an, ob man über den Horizont des eigenen individuellen Lebens hinausgehen kann. Camus jedenfalls war überzeugt: »Die Schönheit, die leben hilft, hilft auch sterben.«

Die Natur war eine Dimension, in der die Schönheit für Camus erfahrbar wurde – und die Musik. »Nur die Musik besitzt die gleiche Dimension wie das Meer«, notierte er während einer Südamerika-Reise.

Camus liebte Mozart, besonders das g-Moll-Quintett, wie eine Tagebuch-Notiz während der Arbeit am Roman bezeugt:

> O Vater! Ich war wie irr auf der Suche nach diesem Vater gewesen, den ich nicht hatte, und nun entdeckte ich, was ich immer gehabt hatte, meine Mutter und ihr Schweigen.
> Die fünf Sätze des Quintetts in g-Moll von Mozart.

VI

Fast fünf Jahrzehnte nach seinem Tod ist die Faszination, die von Albert Camus ausgeht, ungebrochen. Noch immer werden seine Werke gelesen, und auch der letzte Tagebuchband und das Romanfragment »Der erste Mensch«, die erst in den 1990er Jahren zugänglich wurden, haben viele Leserinnen und Leser gefunden. Mittlerweile liegt auch eine umfangreiche Camus-Biografie von Olivier Todd auf Deutsch vor: ein Monumentalwerk von 900 Seiten.

Was hält das Interesse an Camus wach? Ein Geheimnis seines Werkes hat er schon 1936 als 23-Jähriger verraten: »Man denkt nur in Bildern. Wenn du Philosoph sein willst, schreib Romane.« Und ähnlich notiert er, während er an der »Pest« arbeitet: »Die Gefühle, die Bilder, verzehnfachen die Philosophie.«

Camus' Denkbildern kann man sich anvertrauen und sie mit den eigenen Erfahrungen in Zusammenhang bringen, ohne dass man sich einer Weltanschauung verschreiben muss. Er verstand sich immer als Künstler und wollte nicht zu den Intellektuellen gehören, für die er nur Spott übrig hatte: »Sippen von Hunden, die in Städten versammelt sind und an Ideen nagen.«

Camus hat kein System hinterlassen, wohl aber eine Perspektive. Vielleicht gilt auch für ihn, was er in seinem Tagebuch über Voltaire geschrieben hat: »Voltaire hat beinahe alles geahnt. Er hat nur sehr wenig begründet, aber das gut.«

Camus' Ahnungen und Begründungen haben mich erreicht, als ich 17 Jahre alt war. Ich hatte zuvor schon andere wichtige Bücher gelesen, aber »Die Pest« war mein Initiationserlebnis. Oft, wenn mir sonst nichts mehr einfiel, dachte ich an die Szene, wo Dr. Rieux und Tarrou mitten im Kampf gegen die Pest ihre Freundschaft mit einem Bad im Meer besiegeln; wo sie innehalten, um wieder weitermachen zu können. Viele Jahre habe ich die Stelle nicht wieder gelesen – aus Angst, sie könnte mir im Licht so vieler anderer Lektüreerinnerungen banal und alltäglich werden. Jetzt, gut 30 Jahre später, sitze ich wieder über den Büchern von Camus. Mein Leben hat sich seither verändert, mein Blick auf Camus auch. Aber er ist noch immer der zuverlässigste Weg zu meinen inneren Bilder und Gedanken.

Paul Celan
Die Geheimnisse werfen noch Schatten

I

»Es war eine Gegend, in der Menschen und Bücher lebten« – das sagte Paul Celan in der Dankesrede zum Bremer Literaturpreis über seine Heimatstadt Czernowitz. Bücher nicht als tote Gegenstände, als Demonstration von Belesenheit und Bildung oder als Wohnzimmerschmuck, sondern als lebendiges Gegenüber – was das bedeuten kann, habe ich während meiner zweijährigen Arbeit in der Sowjetunion erfahren, wo sich Menschen eine Nacht lang für ein besonderes Buch anstellten und bei meinen Freunden die in zwei Reihen aufgestellten Bücher aus den Regalen quollen. Bücher waren das Überlebenspotenzial und die Quelle von Individualität.

Eine Gegend, in der Menschen und Bücher leben – eine solche Gegend habe ich auch in einem andern Teil von Celans Heimat Rumänien gefunden, in Siebenbürgen. Dort hat eine Frau bei der Scheidung ihrer Ehe nicht Wertsachen oder Sparbücher außer Haus gebracht, sondern sie hat ihre wichtigsten Bücher im Rucksack fortgetragen. Denn diese Bücher machen ihr Leben aus; mit ihnen ist sie die geworden, die sie ist. Sie gehören zu ihr wie die Menschen, mit denen sie lebt.

»Eine Gegend, in der Menschen und Bücher lebten« – Bücher hinterlassen Spuren und sie tragen die Spuren dessen, der sie liest und mit ihnen lebt. Sie gehören zu einem Menschen, darum werden Namen und Widmungen in sie hineingeschrieben. Und sie gehören zum Menschsein.

II

Paul Celan, der in Rumänien geborene deutschsprachige jüdische Dichter mit altösterreichischem Familienhintergrund, ist von der Geschichte des 20. Jahrhunderts in ein mehrfaches Exil getrieben worden. Die Nazis haben seine Eltern ermordet, die Sowjets ihm die Heimat genommen. Als sein Czernowitz sowjetisch wurde, übersiedelte er nach Bukarest. Als Rumänien zur Volksrepublik und die Literatur der Zensur unterworfen wurde, floh er unter lebensgefährlichen Umständen nach Wien; eine Bleibe fand er hier nicht. Ab 1948 lebte Paul Celan in Paris. Aber sein Leben konnte keinen dauerhaften Halt mehr finden; die Jugenderfahrungen von Verlust und Verfolgung waren stärker. Drei Monate vor seinem Tod schrieb Paul Celan an einen alten Freund in Czernowitz: »Ich habe in meinen Gedichten ein Äußerstes an menschlicher Erfahrung in dieser unserer Zeit eingebracht. So paradox das auch klingen mag: gerade das hält mich auch.« In vielen Gedichten Celans leuchten unmittelbare Bilder der schmerzhaften Erfahrungen ihres Autors auf. Manchmal können Trauer und Schmerz auch durchsichtig werden auf eine

Hoffnung hin, die über Trauer und Schmerz hinausweist.

»CELLO-EINSATZ / von hinter dem Schmerz« – so beginnt eines dieser Gedichte, das mir besonders kostbar ist, weil es so selbstverständlich davon ausgeht, dass es einen Ort hinter dem Schmerz gibt – aber ihn nicht benennt. Denn allzu oft ist man hier mit Kategorien bei der Hand, mit Transzendenzen, die von Institutionen und Ideologien vereinnahmt worden sind.

»Cello-Einsatz / von hinter dem Schmerz«, schreibt Celan lapidar. Darin liegt die Intensität seiner Dichtung. Und darum kann sie ein Trost sein, wo billige Tröstungen oder kluge Gedanken nicht weiterhelfen.

III

Die Gedichte von Paul Celan gelten als dunkel und schwierig. Sie sind aber keine Rätsel, mit denen sich ein elitärer Dichter ein auserlesenes Publikum schaffen will, sondern Bilder, die aus Erfahrungen gewachsen sind und gerade darum einen Rest von Geheimnis bewahren.

Persönliche wie politische Erfahrungen sind den Gedichten von Paul Celan eingeschrieben. Seine Lebensgeschichte spiegelt die traumatischen Erfahrungen des 20. Jahrhunderts: die Ermordung der Eltern, Verfolgung, Zwangsarbeit, Exil. »Ich habe nie eine Zeile geschrieben, die nicht mit meiner Existenz zu tun gehabt hätte«, schrieb Celan an einen Freund in seiner Geburtsstadt Czernowitz. Aber die Existenz und die traumatischen Erfahrungen Celans werden verschlüsselt ausgedrückt, die Gedichte widersetzen sich dem schnellen Zugriff. Man kann ihnen nur näherkommen, wenn man auch ihre Fremdheit akzeptiert, die sich nicht durch Erklärungen auflösen lässt. Der Schriftsteller Erhard Kästner sagte von Celans Gedichten: »Rätselworte, Schlüsselworte: man wird sich wohl hüten, sie aufzulösen, weil sie dann sofort ihr Geheimnis verlören.«

Bei geduldigem Lesen können die Gedichte Paul Celans zu einer Einübung in das Geheimnis werden: das Geheimnis eines Wortes, eines Bildes und vor allem in das Geheimnis eines Menschen. Der Anfang eines Celan-Gedichtes spricht von der Wichtigkeit der Geheimnisse im Leben:

> ES IST ALLES ANDERS, als du es dir denkst,
>   als ich es mir denke,
> die Fahne weht noch,
> die kleinen Geheimnisse sind noch bei sich,
> sie werfen noch Schatten, davon
> lebst du, leb ich, leben wir.

IV

Paul Celan ist knapp vor seinem 50. Geburtstag in der Seine ertrunken, und es gibt keine andere Erklärung dafür, als dass er diesen Tod selbst gesucht hat. Wie Jean Améry oder Primo Levi ist auch Paul Celan einer von denen, die das Überleben nicht überlebt haben. Zeit seines Lebens hat er darunter gelitten, dass seine Eltern in einem Konzentrationslager ermordet wurden und er sie nicht retten konnte. Totengedächtnis durchzieht seine Lyrik – bis hinein selbst noch in die Liebesgedichte.

Und dazu kam für Paul Celan die existenzielle Frage: Kann man als Jude nach dem Holocaust noch Gedichte in deutscher Sprache schreiben? Die Muttersprache war zugleich die Mördersprache geworden. Celans frühes Gedicht »Nähe der Gräber« endet mit einer Frage an die tote Mutter:

> Und duldest du, Mutter, wie einst, ach, daheim,
> den leisen, den deutschen, den schmerzlichen Reim?

Paul Celan ist bei seiner deutschen Muttersprache geblieben und hat in dieser Sprache den ermordeten Juden das bedeutendste poetische Denkmal gesetzt: die »Todesfuge«, ein Jahrhundert-Gedicht, mit dem er berühmt wurde. Celan musste freilich erleben, dass die Musikalität, die die Variation der bedrängenden KZ-Bilder in der »Todesfuge« zusammenhält, noch immer als »schön« erlebt und konsumiert werden konnte. Also schrieb er knappere, reduzierte und verdunkelte Gedichte, die oft mit seinen Erfahrungen als Jude zu tun haben. »Denn der Jud und die Natur, das ist zweierlei, immer noch, auch heute, auch hier« – an diesem Satz in Celans Prosatext »Gespräch im Gebirg« ist mir als jungem Mann zum ersten Mal aufgegangen, was es heißen kann, nach Auschwitz als Jude zu leben.

Diese Erfahrung hat Paul Celan befähigt, die Situation der Ohnmächtigen, der Opfer im Gedicht zur Sprache zu bringen. In den folgenden Zeilen hat Celan ein Bild dafür gefunden:

> MIT DEN VERFOLGTEN in spätem, unverschwiegenem,
> strahlendem
> Bund.

V

»Ich hoffe, bis zuletzt lästern zu können« – diesen Satz hat Paul Celan in seinem Notizbuch festgehalten. Er hatte ihn im Gespräch mit Nelly Sachs geäußert. »Ich bin ja gläubig«, soll Nelly Sachs zu Celan gesagt haben, als sie sich im Mai 1960 erstmals in Zürich trafen. Darauf antwortete Celan mit seiner Hoffnung, bis zuletzt lästern zu können.

Paul Celan war in seiner Geburtsstadt Czernowitz nach jüdischer Tradition erzogen worden und feierte als Dreizehnjähriger seine Bar-Mizwa, mit der er Vollmitglied der jüdischen Gemeinde wurde. Aber danach hat er nie wieder einen Gottesdienst besucht. Das hing zunächst wohl mit dem Verhältnis zu seinem Vater zusammen und mit dem Zwang, der mit seiner jüdischen Erziehung verbunden war. Später hat sich Celan durchaus mit der jüdischen Religion beschäftigt – vor allem in den 1950er Jahren, um sich über seine eigene Identität klarer zu werden. Auch Spuren christlicher Mystik finden sich in seiner Lyrik, und

Franziskus hat er sehr verehrt. Doch er blieb bei seiner Absage an die jüdisch-christliche Gottesvorstellung. Das Gedicht »Es war Erde in ihnen« formuliert den Grund, wenn es von den toten Juden heißt:

> [...] Und sie lobten nicht Gott
> der, so hörten sie, alles dies wollte,
> der, so hörten sie, alles dies wußte.

Nicht selten knüpfen Gedichte Celans an Bibelstellen an, aber die biblische Überlieferung blieb für ihn nach der Shoah ein »Leertext«, ein »glühender Leertext« freilich, wie es in einem der Gedichte aus dem Nachlass heißt.

»Ich hoffe, bis zuletzt lästern zu können« – das kann heißen: Ich hoffe, mich keinem Glauben, keiner Religion zu ergeben. Es kann aber auch bedeuten: Ich möchte die religiösen Fragen nicht aufgeben, nicht in Gleichgültigkeit verfallen. Die religiöse Tradition erweist ihre Kraft gerade auch im Widerspruch, den sie herausfordert.

VI

Paul Celan bekannte einmal, er sei kein Freund der Vergesellschaftung des Innenlebens. Ihm ging es um das Individuelle, Persönliche. Er suchte die Begegnung – auch und gerade im Gedicht. Ein Gedicht konnte für ihn, »eine Flaschenpost sein, aufgegeben in dem – gewiß nicht immer hoffnungsstarken Glauben, irgendwo an Land gespült zu werden, an Herzland vielleicht«.

Das Gedicht war für Celan Gespräch – oft auch ein verzweifeltes Gespräch. Und es war eine intensive Suche nach Wirklichkeit. Als Gründe für sein Dichten nannte er einmal: »um zu sprechen, um mich zu orientieren, um zu erkunden, wo ich mich befand und wohin es mit mir wollte, um mir Wirklichkeit zu entwerfen.«

Dichtung, nicht nur die von Paul Celan, ist noch immer eine der besten Möglichkeiten, um herauszufinden, wer man ist und wer man sein möchte, um die eigene Wahrnehmung und Aufmerksamkeit zu entwickeln und eine eigene Sprache zu finden. Nicht jeder Mensch ist ein Dichter, und doch steht er vor derselben Alternative: eine eigene Sprache zu finden oder zu verstummen. Und Verstummen führt in die Depression oder in die Gewalt.

Einem Gedicht zu begegnen, kann der Auslöser sein, den eigenen inneren Bildern zu trauen und Worte für sie zu finden. Vor allem, wenn dieses Gedicht eine Flaschenpost ist, die an Herzland gespült wird und das eigene Herz in Bewegung setzt.

Günter Eich
Aber wenn der Krieg vorbei ist ...

I

In Saloniki
weiß ich einen, der mich liest,
und in Bad Nauheim.
Das sind schon zwei.

Dieses kurze Gedicht von Günter Eich trägt den ironischen Titel »Zuversicht«. Eich war ein Pionier und am Ende der große alte Mann des deutschen Hörspiels, aber seine Gedichte und vor allem seine späte Prosa waren ein Minderheitenprogramm, das wusste er. Und zu seinem 100. Geburtstag liegen zwar seine Texte vor, aber nicht einmal eine Biografie. Kein Zweifel: Günter Eich steht zwar in jeder Literaturgeschichte, er war einer der wichtigsten deutschen Autoren der 1950er und 60er Jahre, 1959 erhielt er den Georg-Büchner-Preis, aber heute ist es still um ihn geworden.

Am 1. Februar 1907 in Lebus an der Ostsee geboren, studierte Günter Eich nach dem Abitur Sinologie in Berlin und Paris und veröffentlichte seine ersten literarischen Texte. Ab 1931 war er mit Hörspielen im Rundfunk vertreten, aber seine bedeutenden Texte schrieb er erst nach dem Krieg. Berühmt wurde sein Gedicht »Inventur«:

> Dies ist meine Mütze,
> dies ist mein Mantel,
> hier mein Rasierzeug
> im Beutel aus Leinen.

1945 ist das Gedicht entstanden, 1946 wurde es erstmals gedruckt; ein Kriegsgefangener, der im Lager auf der Erde schläft, zählt seine kostbaren Habseligkeiten auf:

> Konservenbüchse:
> Mein Teller, mein Becher,
> ich hab in das Weißblech
> den Namen geritzt.
>
> Geritzt hier mit diesem
> kostbaren Nagel,
> den vor begehrlichen
> Augen ich berge.

In der schmucklosen Aufzählung entsteht eine Welt, die eine jüngere Generation sich schon gar nicht mehr vorstellen kann. Das Überleben sichert nicht nur der karge Proviant:

> Die Bleistiftmine
> lieb ich am meisten:
> Tags schreibt sie mir Verse,
> die nachts ich erdacht.

II

Die floskelhafte Frage »Wie geht's?« hat schon manchen in Verlegenheit gebracht. Günter Eich hat als Antwort darauf ein kleines Gedicht geschrieben:

Es geht,
es geht.
Aber wenn der Krieg vorbei ist,
fahren wir nach Minsk
und holen die Großmutter ab.

Warum gerade nach Minsk, mag man fragen, denn wer hat schon eine Großmutter in Weißrussland. Kennt man Günter Eichs Biografie, so weiß man, dass er hier nicht die eigene Großmutter im Blick hat, sondern die von Ilse Aichinger, mit der er von 1953 bis zu seinem Tod im Jahr 1972 verheiratet war. Ilse Aichinger hat es nie vergessen, wie ihre Großmutter von der Gestapo abgeholt wurde, wie das Lastauto über die Schwedenbrücke davonfuhr und die Großmuter nach Minsk verbrachte, wo sie ermordet wurde. Günter Eichs Gedicht ironisiert die Hoffnung, nach dem Nationalsozialismus könne die Welt wieder werden wie vorher: »Aber wenn der Krieg vorbei ist, / fahren wir nach Minsk / und holen die Großmutter ab.«

Aber noch sarkastischer nimmt er diejenigen aufs Korn, die während der Nazizeit auf die Frage nach ihrem Befinden sagen konnten: »Es geht, / es geht.« Einer davon war er selber. Bis er 1940 zur Wehrmacht eingezogen wurde, konnte er von Rundfunkarbeiten in seinem kleinen Häuschen an der Ostsee ganz gut leben. Er hat nie Nazipropaganda gemacht, aber sich arrangiert mit harmloser Unterhaltung, die keinen Anstoß erregte.

In späteren Jahren hat Günter Eich nicht viel gesprochen über diese Zeit, aber es gibt Texte wie dieses Gedicht, aus dem man seine Scham über das eigene Verhalten herauslesen kann. Nach dem Krieg war er Mitbegründer der berühmten »Gruppe 47« und hat viel dazu beigetragen, dass die deutsche Sprache von falschen Phrasen und verlogener Innerlichkeit gereinigt wurde.

III

»Wer möchte leben ohne den Trost der Bäume!« Die erste Zeile von Günter Eichs Gedicht »Ende eines Sommers« geht einem nicht so schnell aus dem Kopf. Und auch die zweite nicht: »Wie gut, daß sie am Sterben teilhaben.« Bäume, wie alt sie auch werden mögen, haben ihre Jahres- und ihre Lebenszeit; auch sie stehen unter dem Gesetz der Zeit, und gerade darum strahlt ihre Beständigkeit Trost aus.

In diesem Gedicht symbolisiert die Natur das Vergehen der Zeit und den nahen Tod – ganz in der Tradition der Naturlyrik, in der Eich zu schreiben begann. Später war er dagegen sehr skeptisch, wie etwa seine dreizeilige »Ode an die Natur« ausdrückt:

> Wir haben unseren Verdacht
> gegen Forelle, Winter
> und Fallgeschwindigkeit.

Mit der »Forelle« ist hier vielleicht das von Schubert vertonte Gedicht gemeint, mit »Winter« die idyllische

Schneelandschaft, die uns so selbstverständlich war, bis wir die Auswirkung der Klimaveränderung zu spüren bekommen haben, und »Fallgeschwindigkeit« steht für die Naturgesetze.

Warum aber steht die Natur hier unter Verdacht? Weil mit Naturgedichten und Naturbildern oft gravierende politische und gesellschaftliche Zustände zugedeckt wurden, und weil mit Naturgesetzen vieles erklärt wird, was als unveränderbar gelten soll. Was wusste man nicht alles von der Natur der Frau oder was wurde nicht alles – etwa im Sexualverhalten – für widernatürlich erklärt. Wenn man von Naturgesetzen spricht, ist nicht immer nur von Physik die Rede. Oft wird die Natur bemüht, wenn man nach Normen schielt. In Günter Eichs Buch »Maulwürfe«, der surrealistisch-subversiven Prosa seiner letzten Jahre, klingt das so:

> Was mir am meisten auf der Welt zuwider ist, sind meine Eltern. Wo ich auch hingehe, sie verfolgen mich, da nützt kein Umzug, kein Ausland. Kaum habe ich einen Stuhl gefunden, öffnet sich die Tür und einer von beiden starrt herein, Vater Staat oder Mutter Natur. Ich werfe einen Federhalter, ganz umsonst. Sie tuscheln, sie verstehen sich.

IV

»Wacht auf, denn eure Träume sind schlecht!« So lautet der Anfang eines Gedichts aus Günter Eichs Hörspiel »Träume«, das in den 1950er Jahren einen

Skandal auslöste. Ironisch beschreibt das Gedicht das angenehme Einschlafen auf dem gestickten Polster, während harmlose Fernsehmeldungen noch einmal Revue passieren und Nachrichten über krasse Not ausgeblendet werden. Und das Gedicht endet mit der Aufforderung:

> Wacht darüber, daß eure Herzen nicht leer sind, wenn mit der Leere eurer Herzen gerechnet wird!
> Tut das Unnütze, singt die Lieder, die man aus eurem Mund nicht erwartet!
> Seid unbequem, seid Sand, nicht das Öl im Getriebe der Welt!

Im Abstand von einem halben Jahrhundert kommen einem solche Sätze reichlich abstrakt und etwas hilflos moralisch vor. Und man hört auch heraus, wie da einer, der durchaus Öl im Getriebe des Dritten Reiches war, verklausuliert zu sich selbst spricht. Und dennoch: In einer Welt, wo alles läuft wie geschmiert, wo nahezu überall ölige Erfolgsvisagen präsentiert werden, die für nichts stehen außer für sich selbst, ist die Aufforderung, Sand im Getriebe zu sein, enorm sympathisch. Wenn man nur hoffen könnte, dass Lieder, dass die Kunst da etwas ausrichten könnte.

Eher wird alles, was zweckfrei ist und nicht Arbeit und Karriere dient, zum Schmiermittel der gesellschaftlichen Maschinerie – so wie früher die Religion. »Es ist gesorgt, / dass die Armen nicht ohne Gebete einschlafen« / – so ein anderes Gedicht von Günter Eich – / »Gebete, die um das bitten, was geschieht«. Vielleicht müsste man heute zeitgemäßer formulieren: Es ist gesorgt, dass die Unterschicht nicht ohne Fernsehen einschläft – ein Fernsehen, das nur das wiederholt, was geschieht. Eine Zeile aus dem Gedicht von Günter Eich gilt aber damals wie heute: »Die Tröstungen sind versteckt.« Sehr versteckt sogar.

V

> Sag mir nicht wieder: Horaz
> und sterben lernen.
> Keiner hat es gelernt,
> es fiel sie nur an
> wie die Geburt.

Dieses Gedicht von Günter Eich erschien 1972. Seit 1968 war er ernsthaft krank, 1972 mehrten sich die Herzanfälle, am 20. Dezember starb er in Salzburg. Sich ins Unvermeidbare fügen, sich mit stoischer Ruhe auf den Tod einstellen, wie es die Antike empfahl – derlei Ratschläge verbittet sich das Gedicht. Beim Sterben ist man machtlos wie bei der Geburt.

Christliche Tröstungen werden erst gar nicht angesprochen – nicht angesichts des Todes und auch sonst nicht im Werk von Günter Eich. Rom war ihm verdächtig: »Zuviel Abendland«, lautete die Diagnose. Als studiertem Sinologen und Übersetzer chinesischer Lyrik war ihm Asien näher.

Gelegentlich vergegenwärtigen seine Gedichte spirituelle Momente – einmalige Augenblicke einer mystischen Verbindung mit der ganzen Welt und mit Zeiten vor der eigenen Geburt – etwa in dem Gedicht »Nachts«:

> Nachts hören, was nie gehört wurde:
> den hundertsten Namen Allahs,
> den nicht mehr aufgeschriebenen Paukenton,
> als Mozart starb,
> im Mutterleib vernommene Gespräche.

Hinter der lakonischen Verknappung der Gedichte von Günter Eich blitzt bisweilen eine leise Zärtlichkeit auf. In einem der letzten Gedichte, die er schrieb, erscheint das Verlernen der Zärtlichkeit als der eigentliche Tod:

> Leicht verlernt man
> die Zärtlichkeit,
> wie ein Rad davonfährt
> das Telefon abgehängt wird
> wie man Schlaftabletten nimmt
> und die Einsargung erwartet,
> eins ums andere Mal.

VI

> Armer Sonntag.
> Eilige Verse auf
> die Ölwolken der Autobusse,
> auf Schneisen im Ahornlaub,
> die abgekartete Schönheit.

Die erste Strophe dieses Gedichts von Günter Eich ist eine Absage an das romantische Naturgedicht;

dort war Natur auch ein Ort sozialer Utopien und ein Gegenentwurf zunehmender Industrialisierung. Der »moderne« Dichter kann nur mehr »eilige Verse auf die Ölwolken der Autobusse« schreiben. Der technisierte Gang in die Natur ist ein neuer sonntäglicher Sozialritus, und die Schönheit ist »abgekartet«, von Wanderkarten vermessen, und sie wird doppelsinnig zum abgekarteten Spiel, das für die Wochenendtouristen inszeniert wird.

Günter Eich hat diese Verkümmerung des Sonntags schon Anfang der 1960er Jahre in seinem Gedicht »Armer Sonntag« in knappen Bildern festgehalten. Es endet mit der Strophe:

> Armer Sonntag,
> Stunde der Prächtigen,
> keine verstohlene Wollust
> im toten Winkel,
> alle Segel gehißt und mit starren
> Brustwarzen in die Gesundheit.

Arm ist der Sonntag gerade deswegen, weil er für die Schönen und Erfolgreichen die beste Gelegenheit ist, sich öffentlich darzustellen. Und in der individuellen Privatsphäre, dem »toten Winkel« öffentlicher Beobachtung, blühen nicht Sinnlichkeit und Erotik, sondern Leistung ist gefragt: für Fitness und Gesundheit.

Günter Eichs Gedicht ist ein poetischer Indikator für den Bedeutungsverlust des Sonntags. Die christliche Tradition, die ihn geprägt hat, spielt gar keine

Rolle mehr. Und die bürgerliche Tradition der Sonntagsspaziergänge in die Natur ist auch vorbei. Das Gedicht ist kein Sinnlieferant für eine neue Sonntagskultur, aber es benennt die Defizite des kommerzialisierten Wochenendes von heute.

Johann Wolfgang von Goethe
Die Fratzen des täglichen Lebens

I

»Es gibt gewisse Worte, die plötzlich, wie ein Blitzstrahl, ein Blumenland in meinem Innersten auftun, gleich Erinnerungen alle Saiten der Seelen-Aeolsharfe berühren, als: Sehnsucht, Frühling, Liebe, Heimat, Goethe.« So lautet eine handschriftliche Notiz Joseph von Eichendorffs aus dem Jahr 1806 oder 1807. So blumig würde man sich heute nicht mehr ausdrücken, aber die Faszination Goethes ist ungebrochen. Er hat als Erster Gedichte in deutscher Sprache geschrieben, die auch nach zwei Jahrhunderten noch unmittelbar berühren und nicht nur von Fachleuten gelesen werden.

Goethe-Fachleute gibt es allerdings jede Menge. Kein Werk, das nicht unter verschiedensten Aspekten untersucht worden wäre, zahlreiche große Abhandlungen beschäftigen sich mit einem einzigen Gedicht Goethes. Und erst die Biografie: Nahezu jeder Tag lässt sich verfolgen, über die späten Lebensjahre Goethes weiß man teilweise sogar nach Stunden Bescheid. Wichtiges und Nebensächliches wurde über den Meister geschrieben, auch ziemlich Skurriles. Ein Goethe-Mythos ist entstanden, der den Denkmalsturz geradezu provoziert hat; beides kann den Blick auf Goethes Schriften verstellen.

Warum lohnt es sich noch immer, diese Schriften zur Hand zu nehmen? Jedenfalls nicht deswegen, weil sich Goethe-Zitate gut machen, weil die Maschinerie der Gedenktagskultur gerade seinen Geburts- oder Todestag inszeniert oder weil er zur sogenannten Weltliteratur gehört – übrigens ein Wort, das Goethe erfunden hat.

Ich greife schon deswegen gern zu Goethe, weil er widersprüchlich genug ist, um auch in seinen Irrtümern interessant zu sein, und weil er nicht als Parteigänger brauchbar ist. Er hat seinen eigenen Blick und seine eigene Sprache. Goethe selbst war wahrscheinlich eher ein kommunikationsunfähiger Einzelgänger als ein großer Liebender, aber seine poetischen Bilder und Symbole der Liebe sind unverwechselbar: im »Werther«, in den »Wahlverwandtschaften« oder in Gedichten wie »Nähe des Geliebten«.

II

Die Gedichte des jungen Goethe wurzeln in seinen eigenen Erlebnissen. Und wenn er ein Liebesgedicht an Friederike schreibt, dann ist seine Geliebte Friederike Brion angesprochen. So etwas war damals revolutionär. Goethe und seine Generationsgenossen, die bei allen individuellen Verschiedenheiten die »Sturm und Drang«-Bewegung ausmachten, stürmten gegen poetische und gesellschaftliche Traditionen und Konventionen an. Originalität und Natur stand auf ihren Fahnen; das Individuum trat ins Zentrum von Kunst und Literatur – ganz besonders bei Goethe.

Ein Individuum wollte auch Goethe sein und bleiben. Als ihm sein Freund Johann Christian Kestner riet, eine Stellung anzunehmen, schrieb ihm Goethe:

> Kestner, die Talente und Kräfte, die ich habe, brauch ich für mich selbst gar zu sehr, ich binn von ieher gewohnt nur nach meinem Instinkt zu handeln, und damit könnte keinem Fürsten gedient seyn. Und dann biss ich politische Subordination lernte –

Politische Subordination hat Goethe dann bekanntlich doch gelernt. 1775, knapp zwei Jahre nach diesem Brief, lud ihn Herzog Carl August an seinen Weimarer Hof ein. Zehn Jahre später floh der Geheime Rat Goethe überstürzt nach Italien – aber Weimar ließ ihn nicht mehr los. Goethe, der zeit seines Lebens am Erfolg orientiert war und Unmengen von Geld verbrauchte, konnte sich von Amt und Würden und vor allem von seinem fürstlichen Gehalt nicht trennen. Gut getan hat ihm das nicht, und er scheint sich nur selten in seinem Leben glücklich gefühlt zu haben.

Der Individualismus war jedoch auch dem alten Goethe wichtig. In den Befreiungskriegen gegen Napoleon stimmte er nicht in den allgemeinen Enthusiasmus ein. Als man ihn irritiert fragte, auf wessen Seite er denn eigentlich stehe, antwortete Goethe: »Ich stehe immer auf meiner Seite.«

Dieser Individualismus Goethes fasziniert mich. Aber er hat zugegebenermaßen auch seine Kehrseiten.

Die eine ist, dass Goethe bewusst eine Mauer um seine Person aufbaute und dabei zusehends vereinsamte. Zum anderen war er fast immer unfähig, die Eigenart oder auch nur den Wert der Arbeit eines anderen zu erkennen. Goethe hat keinen einzigen Dichter entdeckt, aber zahlreiche verkannt und brüskiert, darunter Hölderlin, Kleist und Grillparzer.

III

Der junge Goethe war sportlich und schlief gerne im Freien – ein Schock für die Weimarer Gesellschaft. Auf Reisen verließ er freiwillig die Kutsche, um in der Natur zu wandern. Mit fünfzig war er dann zwar so fett und verfressen, dass ihm das Gehen beschwerlich wurde – er ist im wahrsten Sinn des Wortes in seine Rolle als Kleinstaatminister hineingewachsen. Aber die Naturbilder in seinen Werken verblassen nicht. Vor allem seine Faszination für den Mond ist nie erloschen, wie man an zahlreichen Gedichten sieht.

Außerdem interessierte sich Goethe leidenschaftlich für Botanik, Geologie, Biologie; er entdeckte sogar den Zwischenkieferknochen des Menschen. Lebenslang hat es ihm die Farbenlehre angetan – er führte einen erbitterten Kampf gegen Newtons Entdeckung, dass das weiße Licht aus den Spektralfarben zusammengesetzt ist. Nur »mit Verdruß und Unwillen«, schrieb Goethe, könne er an die Vorstellung »eines gespalten sein sollenden Lichtes« denken.

Denn das Licht war für Goethe in der Tradition der Naturmystik ein Urphänomen, ein unteilbares Ganzes. Es sah darin eine Brücke zum »geheimnisvollen Urgrund der Dinge«, die nicht zerstört werden dürfe.

Gegen die neuzeitliche Wissenschaft hatte Goethe einen generellen Einwand: »Jede Anschauung will man sogleich töten und in bloße Begriffe fassen.«

»Daß ich erkenne was die Welt / im Innersten zusammenhält ...« – das Streben Fausts ist auch Goethes eigenes Anliegen. Faust wendet sich, weil ihm dies nicht gelingt, dem Okkulten zu – eine durchaus moderne Reaktion. Goethe hielt es eher mit der Antike. Als Ersatz für die modernen naturwissenschaftlichen Erkenntnisse taugt beides nicht. Einen Ausweg hat in unserem Jahrhundert der Physiker Werner Heisenberg vorgeschlagen: Er versuchte, Goethes Farbenlehre als Ergänzung zu den physikalischen Problemstellungen aufzufassen.

Goethes Irrtum bringt ein grundlegendes Problem auf den Punkt: Wie kann ich, wissend, dass sich die Erde um die eigene Achse dreht, verzaubert den Sonnenuntergängen zusehen? Sind uns die Urerfahrungen von Licht und Finsternis noch möglich, wenn wir über die physikalische Natur des Lichtes Bescheid wissen? Sind mystische, religiöse Naturerfahrungen ein fauler Zauber, der die Wissenschaften negiert? Wenn man weiß, dass die Sprache der Poesie und der Mystik eine andere Ebene betrifft als die Sprache der Naturwissenschaften, dann bleibt, was Goethe retten wollte: die elementare Erfahrung von Dunkel und Licht.

IV

Die Gretchenfrage »Wie hältst Du's mit der Religion?« – Kaum einer hätte schwerer und widersprüchlicher darauf antworten können als Goethe. In jungen Jahren, nach dem Studium in Leipzig, haben ihn religiöse Fragen intensiv beschäftigt. Er schrieb später darüber:

> Ich studirte fleißig die verschiedenen Meinungen, und da ich oft genug hatte sagen hören, jeder Mensch habe am Ende doch seine eigene Religion, so kam mir nichts natürlicher vor, als daß ich mir auch meine eigene bilden könne, und dies that ich mit vieler Behaglichkeit.

Zeit seines Lebens hatte Goethe einen Bezug zur Mystik: Darunter verstand er keinen obskuren Irrationalismus, sondern ein Organ für das »offenbare Geheimnis« der Welt und des Lebens, wie er formulierte. In einem der Gedichte des »West-östlichen Divans« spricht Goethe den persischen Dichter Hafis an:

> Du aber bist mystisch rein
> Weil sie dich nicht verstehn,
> Der du, ohne fromm zu seyn, selig bist!
> Das wollen sie dir nicht zugestehn.

Die Mittel, die den Menschen dem Licht und der Gottheit öffnen, sind – bei Goethe wie bei Hafis –

der Wein, die Liebe und die Poesie. »Das Verlangen nach reellen Genüssen« war es, was Heinrich Heine am »West-östlichen Diwan« so faszinierte und Goethes Zeitgenossen tadelten.

Goethe hatte einen Sinn für das Göttliche. Das Verhältnis des Menschen zu ihm hat er in seinen Jugendhymnen gestaltet: Die Sehnsucht nach Einheit und Verschmelzung im »Ganymed«, die religionskritische Revolte im »Prometheus« und wenig später den bleibenden Abstand in »Grenzen der Menschheit«. Der alte Goethe schrieb: »(...) hinter jedem steckt die höhere Idee; das ist mein Gott, das ist der Gott, den wir alle ewig suchen und zu erschauen hoffen, aber wir können ihn nur ahnen, nicht schauen.«

Goethe blieb ein Skeptiker; die Normierung und Dogmatisierung der Religion hat er strikt abgelehnt. In seinem Weg zu einer eigenen Religion sehe ich etwas, was heute zum Alltag vieler Menschen geworden ist: die Auswahl aus verschiedenen religiösen Überlieferungen – nach eigenem Geschmack oder eigener Verantwortung, bewusst und oft auch recht beliebig. Die Traditionen sind vielfältig – auch innerhalb des Christentums. Daraus eine Wahl zu treffen ist für mich ebenso eine Lust wie eine Last.

V

Die Welt- und Lebenszugewandtheit Goethes wurde nicht selten als Heidentum angeprangert. Im hohen Alter hat er darauf ironisch geantwortet: »Ich heidnisch? Nun, ich habe doch Gretchen hinrichten und Ottilien verhungern lassen, ist denn das den Leuten nicht christlich genug? Was wollen sie noch Christlicheres?«

Goethes Einstellung zum Christentum hat viele Facetten. Die Bibel kannte er jedenfalls genau, Zitate und Anspielungen durchziehen sein ganzes Werk; seine Vorstellungswelt war christlich geprägt. Was Goethe am Christentum massiv störte, bringt eines der Venezianischen Epigramme aus dem Jahr 1790 auf den Punkt:

> Vieles kann ich ertragen. Die meisten beschwerlichen Dinge
> Duld ich mit ruhigem Mut, wie es ein Gott mir gebeut.
> Wenige jedoch sind mir wie Gift und Schlange zuwider
> Viere: Rauch des Tabaks, Wanzen und Knoblauch und †.

Um es ganz deutlich zu machen, schreibt Goethe an dieser Stelle nicht das Wort »Kreuz«, sondern setzt das Kreuzzeichen in den Text. Und noch in hohem Alter schrieb er an seinen Freund, den Komponisten Karl Friedrich Zelter: »(...) das leidige Marterholz, das Widerwärtigste unter der Sonne, sollte kein vernünftiger Mensch auszugraben und aufzupflanzen bemüht seyn.«

Die schroffen Formulierungen sind keine billige Polemik. Goethe will mit Blick auf die Antike Diesseitigkeit und Lebenslust gegen den christlichen Leidenskult ins Recht setzen. Heinrich Heine und Friedrich Nietzsche sind ihm darin gefolgt.

Ich muss gestehen: Ich habe Goethes Äußerungen, als ich sie zum ersten Mal entdeckte, befreiend empfunden. Obwohl ich Christ bin, habe ich ein problematisches Verhältnis zum Kreuz und seiner intensiven öffentlichen Präsenz. Denn die Ehrfurcht vor dem Kreuz Jesu kippt allzu leicht in eine depressive Leidensverherrlichung.

Bei näherem Hinsehen hat aber Goethes Ekel vor dem Kreuz doch einen Haken: Er musste Leiden, Krankheit und Tod verdrängen, um seine mühsam errichtete Harmonie aufrechtzuerhalten. Er war unfähig, mit seiner Schwiegertochter über den Tod seines Sohnes zu sprechen. Und die große Liebe seines Lebens, Charlotte von Stein, verfügte, dass ihr Leichenzug einen Umweg machen sollte, um nicht an Goethes Haus vorbeizukommen.

VI

Am 28. August 1749, mittags mit dem Glockenschlage zwölf, kam ich in Frankfurt am Main auf die Welt. Die Konstellation war glücklich: die Sonne stand im Zeichen der Jungfrau und kulminierte für den Tag; Jupiter und Venus blickten sie freundlich an, Merkur nicht widerwärtig; Saturn und Mars verhielten sich gleichgültig; nur der Mond, der soeben voll ward, übte die Kraft seines Gegenscheins um so mehr, als zugleich seine Planetenstunde eingetreten war. Er widersetzte sich daher meiner Geburt, die nicht eher erfolgen konnte, als bis diese Stunde vorübergegangen.

»Dichtung und Wahrheit« ist ein treffender Titel für Goethes Selbstdarstellung und Selbststilisierung. In vielen Fällen sind wir auf sie angewiesen, weil er eine Unmenge von Briefen und Dokumenten verbrannt hat, um sorgfältig das Bild zu kontrollieren, das wir von ihm haben sollen. Die Biografie von Karlheinz Schulz, der meine Gedanken über Goethe viel Material verdanken, hat etliche Rekonstruktionsversuche unternommen.

Unsympathische Züge treten zutage: Goethes politischer Opportunismus, sein Geistesaristokratismus sowie seine Welt- und Menschenverachtung, besonders im Alter. Hinter seinem rituellen Gehabe, hinter der bewusst betriebenen Abkapselung wird manchmal noch der einsame Sonderling sichtbar, etwa wenn er einmal an Charlotte von Stein schreibt: »Behalte mich sehr lieb, ob ich gleich so wunderlich bin.«

Jean Paul notierte nach seinem ersten Besuch bei Goethe: »Auch frisset er entsetzlich.« Sein ungeheurer Alkoholkonsum muss im Alter Spuren in Goethes Gesicht hinterlassen haben. Am zweiten Teil seines »Faust« konnte er nur in den frühen Morgenstunden schreiben, »wo ich mich vom Schlaf erquickt und gestärkt fühle und die Fratzen des täglichen Lebens mich noch nicht verwirrt haben«, wie er festhielt. Dafür plagte ihn die Langeweile.

Dass Goethe ungeheuer eitel und erfolgshungrig war, scheint er in seinen besten Momenten gewusst zu haben. Jedenfalls heißt es in seiner »Selbstschilderung«: »Man hätte mir eine Krone aufsetzen können, und ich hätte gedacht, das verstehe sich von selbst. Und doch war ich gerade dadurch nur ein Mensch wie andere.«

Goethe eignet sich nicht für die Verehrung; aber wenn ich ihn lese, erfahre ich immer auch etwas über mich selbst.

Heinrich Heine
Der große Weltriß

I

»Vor dem Übermut des Reichtums und der Gewalt schützt euch nichts – als der Tod und die Satire.« Heinrich Heine, von dem diese Worte stammen, verstand sich meisterhaft auf die Satire. Und er wusste, dass er gerade dadurch den Hass vieler auf sich zog: »Mein Verbrechen war nicht der Gedanke, sondern die Schreibart, der Stil«, meinte er rückblickend.

Heine mischte sich mit seiner Ironie in die politischen, literarischen und religiösen Debatten seiner Zeit ein. Und lieber als sich der allgegenwärtigen Zensur zu beugen, verließ er seine Heimat und ging 1831 nach Frankreich. Ein Vierteljahrhundert lebte er in Paris; er war der erste Emigrant unter den deutschen Schriftstellern, er vermittelte zwischen den beiden Kulturen, in denen er zu Hause war, und wie viele Emigranten von heute kannte er das Heimweh nach der Muttersprache und nach seiner Familie. Aber die Emanzipation war ihm wichtiger: »Nicht bloß die der Irländer, Griechen, Frankfurter Juden, westindischen Schwarzen und dergleichen gedrückter Völker Europas, sondern (...) die Emanzipation der ganzen Welt«, wie er in seinen »Reisebildern« schrieb. Und in seiner Tragödie »William Ratcliff« sagt der Titelheld:

O seht mir doch die klugen, satten Leute,
Wie sie mit einem Walle von Gesetzen
Sich wohlverwahret gegen allen Andrang
Der schreiend überläst'gen Hungerleider!
Weh dem, der diesen Wall durchbricht!
Bereit sind Richter, Henker, Stricke, Galgen –
Je nun! Manchmal gibt's Leut', die das nicht scheun.

Wer denkt da nicht an die Zäune, an denen Afrikaner sterben, die die Europäische Union erreichen wollen, oder an die Zäune, mit denen sich die USA gegen Mexikaner schützen wollen. Dem heutigen Reichtum sind die Hungerleider so lästig wie zu Heinrich Heines Zeiten, und seine bittere Satire ist noch immer notwendig.

II

»Ich habe nicht die Kraft einen Bart zu tragen, und mir Judenmauschel nachrufen zu lassen«, schrieb Heinrich Heine in einem seiner Briefe. Als Harry Heine – Heinrich nannte er sich erst nach seiner Taufe – wurde er Ende des 18. Jahrhunderts, wahrscheinlich 1797 geboren und gehörte zur ersten Generation deutscher Juden, die dem Ghetto entkommen waren. Die Mutter des Dichters schrieb ihr Deutsch noch mit hebräischen Buchstaben.

»Der Taufzettel ist das Entréebillet zur europäischen Kultur«, vermerkte Heine ironisch. 1825, knapp ein Monat vor seiner juristischen Promotion, ließ er sich protestantisch taufen. Anwalt konnte er trotzdem nicht werden, und mit einer Professur klappte es auch nicht. »Ich bin jetzt bey Christ und Jude verhaßt«, notierte er später. Auch als Dichter musste er immer darauf gefasst sein, dass die Kritik an ihm in die Kiste des Antisemitismus greifen würde. Es »läßt sich leicht voraussehen, daß Christliche Liebe die Liebeslieder eines Juden nicht ungehudelt lassen wird«, schrieb er als 18-Jähriger in einem seiner frühesten Briefe. Als es zum Konflikt mit dem Dichter August von Platen kam, verspottete der ihn auch sofort als Juden.

Trotz aller Vorurteile ist Heines »Buch der Lieder« zu einem der erfolgreichsten Gedichtbände in deutscher Sprache geworden. Ein Widerspruch? Marcel Reich-Ranicki, selbst Jude, liest aus den Gedichten Heines nicht nur den Schmerz über die unmögliche Liebe, sondern über die totale Unzugehörigkeit des Juden Heine heraus und meint: Gerade so wurde Heine »zum poetischen Sprecher und Sachwalter aller Benachteiligten und Unterlegenen, aller, die an ihrer Rolle in der Gesellschaft gelitten haben, aller, die sich nach Liebe sehnten, aber sich mit der Sehnsucht, mit der Hoffnung begnügen mussten«.

Identifikation mit den Unterlegenen lag Heine gleichsam im Blut. »Meine Ahnen gehörten (...) nicht zu den Jagenden, viel eher zu den Gejagten«, schrieb er in einem Brief. Im eigenen Leiden, als er sieben Jahre lang gelähmt im Bett lag, hat er den Gott seiner Ahnen wieder entdeckt.

III

> Da das Herz des Dichters der Mittelpunkt der Welt ist, so mußte es wohl in jetziger Zeit jämmerlich zerrissen werden. Wer von seinem Herzen rühmt, es sei ganz geblieben, der gesteht nur, daß er ein prosaisches weitabgelegnes Winkelherz hat. Durch das meinige ging aber der große Weltriß, und eben deswegen weiß ich, dass die großen Götter mich vor vielen anderen hoch begnadigt und des Dichtermärtyrtums würdig geachtet haben.

Mit diesen Worten verteidigt sich Heinrich Heine gegen den Vorwurf, seine Gedichte seien »zerrissen«. Das hat immer wieder irritiert an Heine: seine Ambivalenz, die ironische Brechung auch der schönsten Naturbilder; und die Unmöglichkeit, ihn auf eine klare weltanschauliche Position festzulegen. Karl Kraus hat die Vorurteile gegen ihn auf eine besonders dumme Formel gebracht. »So war er: ein Talent weil kein Charakter.«

Heinrich Heine war immer radikal subjektiv. Gegen Friedrich Hegel, den großen objektiven Welterklärer, schrieb er:

> Jeder Zoll, den die Menschheit weiter rückt, kostet Ströme Blutes; und ist das nicht etwas zu teuer? Ist das Leben des Individuums nicht vielleicht ebenso viel wert wie das des ganzen Geschlechtes? Denn jeder einzelne Mensch ist schon eine Welt, die mit ihm geboren wird und mit ihm stirbt, unter jedem Grabstein liegt eine Weltgeschichte.

Heines Denken veränderte sich stark im Lauf seines Lebens, aber es ging immer vom Individuum, vom einzelnen Menschen aus. Das war wohl auch der Grund, dass er, der großer Kämpfer für Gerechtigkeit und Emanzipation, skeptisch war gegen das Ideal der Gleichheit. Amerika nannte er in einem Gedicht den »großen Freiheitsstall«, der bewohnt sei von »Gleichheitsflegeln«. Die republikanischen Puritaner mochte Heine nicht. Er setzte auf die Poesie und wollte keine Menschen in »aschgrauem Gleichheitskostüm«. Wahrscheinlich hätten Heine die Ideale gefallen, die etwa ein Jahrhundert später der französische Dichter René Char als die seinen erklärte: »Freiheit, Ungleichheit, Brüderlichkeit«.

IV

Schlage die Trommel und fürchte dich nicht,
Und küsse die Marketenderin!
Das ist die ganze Wissenschaft,
Das ist der Bücher tiefster Sinn.

So beginnen die »Zeitgedichte« in Heinrich Heines großer Sammlung »Neue Gedichte«. »Die Liebe für schöne Frauen und die Liebe für die französische Revolution« nannte er einmal als die zwei großen Passionen seines Lebens. In seinen Gedichten kam der Körper mit vielen Tabuverletzungen zur Sprache, und offen feierte er die freie Liebe.

An der Religion kritisierte Heine, dass sie »durch die Lehre von der Verwerflichkeit aller irdischen

Güter, von der auferlegten Hundedemut und Engelsgeduld, die erprobteste Stütze des Despotismus« geworden sei. Freiheit fing für Heine beim eigenen Körper an, und gegen die Unterdrückung ließ sich nicht nur mit Ideen ankämpfen. Auf seiner Italienreise faszinierte ihn »das blühende Fleisch auf den Gemälden des Tizian«, seine Gemälde waren für ihn eine radikalere Kampfansage als Luthers Reformation: »Die Lenden seiner Venus sind viel gründlichere Thesen, als welche der deutsche Mönch an die Kirchentüre von Wittenberg angeklebt.«

In seinem bekannten Werk »Deutschland, ein Wintermärchen« verspottete Heine »das alte Entsagungslied, das Eiapopeia vom Himmel« und forderte:

> Ja, Zuckererbsen für jedermann,
> Sobald die Schoten platzen!
> Den Himmel überlassen wir
> Den Engeln und den Spatzen!

Der Enthusiast Heine hatte auch naive Töne, und nichts ist leichter, als sich darüber lustig zu machen. Er hat es ja später auch selbst getan. Aber es lohnt sich, ihm zuzuhören, denn humaner als die politische und religiöse Unterdrückungsmaschinerie, gegen die er antritt, sind Heines Ideale allemal.

V

»Unsterblichkeit!« schöner Gedanke! Wer hat dich zuerst erdacht? War es ein Nürnberger Spießbürger, der, mit weißer Nachtmütze auf dem Kopfe und weißer

Tonpfeife im Maule, am lauen Sommerabend vor seiner Haustüre saß, und recht behaglich meinte: es wäre doch hübsch, wenn er nun so immer fort, ohne daß sein Pfeifchen und sein Lebensatemchen ausgingen, in die liebe Ewigkeit hineinvegetieren könnte!

Wie viele andere Texte von Heinrich Heine zeigt diese Stelle aus der »Harzreise« den großen Spötter in Sachen Religion. 1856 starb er in Paris, und gegen die Vorstellung der Unsterblichkeit war er auch am Lebensende skeptisch. »Lebt wohl! Dort oben, ihr christlichen Brüder, / Ja, das versteht sich, dort sehn wir uns wieder«, dichtete er im Lazarus-Zyklus seines letzten Gedichtbandes, des »Romanzero«. In dieser Zeit wünschte er seinen Tod oft herbei. Sieben Jahre lang war er, gelähmt von einer heimtückischen Krankheit, ans Bett gefesselt, in seiner »Matratzengruft«.

In dieser Situation bekannte er im Nachwort zum »Romanzero«: »Ja, ich bin zurückgekehrt zu Gott, wie der verlorene Sohn, nachdem ich lange Zeit bei den Hegelianern die Schweine gehütet.« Und er wandte sich gegen »fanatische Pfaffen des Unglaubens, die mich gerne auf die Folter spannten, damit ich meine Ketzereien bekenne«. Aber ausdrücklich widersprach er auch dem Gerücht, »als hätten mich meine Rückschritte bis zur Schwelle irgendeiner Kirche oder gar in ihren Schoß geführt«. Seine Ironie verlor Heine auch in dieser Situation nicht – in seinen nachgelassenen Gedichten findet sich folgende Zwiesprache mit Gott:

Ob deiner Inkonsequenz, o Herr,
Erlaube, daß ich staune:
Du schufest den fröhlichsten Dichter, und raubst
Ihm jetzt seine gute Laune.

Der Schmerz verdumpft den heitern Sinn
Und macht mich melancholisch;
Nimmt nicht der traurige Spaß ein End,
So werd ich am Ende katholisch.

Ich heule dir dann die Ohren voll,
Wie andere gute Christen –
O Miserere! Verloren geht
Der beste der Humoristen.

VI

Die Unterwürfigkeit des polnischen Bauers gegen den Edelmann ist empörend. Er beugt sich mit dem Kopf fast bis zu den Füßen des gnädigen Herrn und spricht die Formel: ich küsse die Füße ... es fehlt nur der wedelnde Hundeschweif. Bei einem solchen Anblick denke ich unwillkürlich: und Gott schuf den Menschen nach seinem Ebenbilde! – und es ergreift mich ein unendlicher Schmerz, wenn ich einen Menschen vor einem andern so tief erniedrigt sehe.

So schreibt der junge Heinrich Heine in seiner Schrift »Über Polen« – schon der Titel war eine Provokation, denn Polen war ja von der Landkarte verschwunden, aufgeteilt zwischen Preußen, Österreich und Russland. Interessant: der scharfe Spötter gegen die Religion erinnert sich beim Anblick der Unterdrückung gerade an das biblische Gleichheitsgebot.

Am Ende seines Lebens, in den postum veröffentlichten »Geständnissen«, beschreibt Heine, wie in ihm »der gescheiterte Metaphysiker sich an die Bibel festklammert«. Aber die beißende Ironie bleibt. Heine wendet sie oft gerade da an, wo es ihm bitter ernst ist. Das hat immer wieder zu Irritationen geführt. Religiöse und Atheisten, radikale Demokraten wie auch ihre Gegner haben ihn attackiert. Bis in die jüngste Vergangenheit hat man in Deutschland gestritten, wenn es um ein Heine-Denkmal oder die Benennung einer Straße oder der Düsseldorfer Universität nach Heine ging.

Heines Poesie und seine Prosa sind noch immer interessant. Denn Menschen, die mit biederer Überzeugung für alles Mögliche sind, gibt es ohnehin genug. Und die, denen alles egal ist, sind noch viel mehr. Aber klar und reflektiert dagegen sein, wenn andere erniedrigt werden – unverbissen und in faszinierender Sprache –, ist eine seltene Kunst.

Johann Gottfried Herder
Ich habs gewagt

I

Es gibt Begegnungen, die das Leben verändern. Und Freundschaften, die die Welt in neuem Licht erscheinen lassen und unbekannte Horizonte eröffnen. Die Begegnung zwischen dem jungen Goethe und dem um fünf Jahre älteren Johann Gottfried Herder war so ein Glücksfall. Nicht nur die großen Charaktere Shakespeares oder die elementare Kraft echter Volkspoesie hat Goethe durch Herder kennengelernt, sondern ein neues Lebensgefühl, eine neue Art zu denken: unorthodox und unsystematisch, gleichermaßen kritisch gegen die etablierte Religion wie gegen die Aufklärung und ganz am Individuum orientiert. Was Herder nicht hinderte, geschichtlich zu denken, ja der geschichtlichen Sicht von Kultur überhaupt erst zum Durchbruch zu verhelfen. Das so oft gebrauchte Wort »Zeitgeist« ist wahrscheinlich eine Erfindung Herders.

Man kann von Goethe nicht sprechen, ohne seinen Anreger Herder zu erwähnen, und man kann über Herder nicht sprechen, ohne Goethe in den Mund zu nehmen, denn Goethe kennt jeder, während Herder meist auf die Rolle des genialen Mentors reduziert und darum natürlich kaum gelesen wird. Und das ist auch nicht ganz leicht, denn eines war Herder wirklich: genial unsystematisch. Und widersprüchlich: ein Demokrat und Sympathisant der Französischen Revolution am Fürstenhof von Weimar, wohin er durch Goethe berufen worden war, ein gelehrter und dichtender Freigeist im Rock eines protestantischen Predigers und ein Fachgelehrter, der sich dem Zwang zum Spezialistentum verweigerte, sondern nach ganzheitlicher Bildung strebte und diese vermitteln wollte.

Johann Gottfried Herder wollte noch einmal das Unmögliche versuchen: das Gesamtwissen seiner Zeit zu beherrschen. Und gleichzeitig war er ein Selbst-Denker, der kühn behauptete: »Ich habs gewagt« – womit er ein Motto des humanistischen Reformators Ulrich von Hutten zitiert. Seine Schriften sind nicht eben einfach zu lesen, aber es ist wie oft bei den schwierigen Charakteren: Herder ist interessanter als so mancher Denker, von dem jeder drei einfache Thesen weiß.

II

Was ist der Mensch? Seit Menschen denken können, denken sie vor allem auch über sich selbst nach. Und das vor allem zeichnet den Menschen aus, dass er über sich selbst reflektieren kann. »Menschennatur, Menschlichkeit, menschliche Würde« – so lauten einige der Versuche seit dem 16. Jahrhundert, das lateinische Wort *humanitas* – Humanität – einzudeutschen. Zeit seines Lebens hat Herder diesen

Humanitätsgedanken philosophisch begründet und dafür gestritten.

Begonnen hat Herder als Schüler Immanuel Kants, doch später wurde er zu seinem Kritiker. Kants kritisch-präzise Rationalität und Herders oft intuitiv-poetische Weltsicht vertrugen sich nicht. Herder wollte Verstand und Empfindung, Erkenntnis und Erlebnis nicht trennen. Herder war einer der Ersten, der die Ursprünglichkeit und Unmittelbarkeit der »unteren« Seelenkräfte erkannte und integrieren wollte. Aber das sagt sich natürlich leichter als es sich lebt. Herder selbst war ein schwieriger Charakter, grüblerisch schon in der Jugend und griesgrämig im Alter. »Ich werde alt und unschmackhaft mir selbst und anderen«, schrieb er einmal.

Überworfen hat sich Herder mit etlichen Zeitgenossen, auch mit Goethe. Aber nicht nur, weil er alt und griesgrämig war, sondern weil ihm das Kunst- und Kulturprogramm der Weimarer Klassiker so gar nicht zusagte. Gegen das zeitenthobene Schönheitsideal hatte er einen entscheidenden Einwand: er sah dahinter »Gleichgültigkeit gegen die Menschen«.

Mensch ist der Mensch für Herder vor allem durch seine Sprache. In seiner preisgekrönten »Abhandlung über den Ursprung der Sprache« kritisiert er gleichermaßen die Versuche der damaligen Zeit, die Sprache unmittelbar von Gott herzuleiten, wie die Auffassung, sie habe sich aus den tierischen Lauten entwickelt. Herder erklärt die Sprache aus der Gesamtheit der geistig-seelischen Kräfte des Menschen und mit dem Austausch mit andern Menschen. Schon ganz am Beginn seines Nachdenkens über die Sprache zeigt sich für Herder, dass uns »die Natur (nicht) als abgesonderte Steinfelsen, als egoistische Monaden geschaffen« hat. Herder sieht immer das Individuum und ebenso die Menschheit als Ganze. So hat er einen Grundsatz formuliert, der erst recht in Zeiten der Globalisierung gilt:

> Wir können nicht glücklich oder ganz würdig und moralisch gut sein, solange zum Beispiel ein Sklave durch Schuld der Menschen unglücklich ist: denn die Laster und bösen Gewohnheiten, die ihn unglücklich machen, wirken auch auf uns oder kommen von uns her.

III

Wer sich auf die eigene Vernunft beruft, ist bei den Orthodoxen aller Religionen schnell als Freigeist verschrien. So ist es auch Johann Gottfried Herder, dem ausgebildeten Theologen und späteren Superintendenten von Weimar immer wieder ergangen. Herder war in der Aufklärung ebenso verwurzelt wie in der Bibel, in Luther und dem Evangelischen Gesangsbuch. Er hatte einen klaren Blick für die Einseitigkeiten der Aufklärung ebenso wie für den Missbrauch des Christentums. Kurz und bündig schrieb er: »Der Missbrauch des Christentums hat zahlloses Böse in der Welt verursacht: ein Erweis, was sein rechter Gebrauch vermöge.« Das Kriterium für den rechten Gebrauch war für Herder klar: die Gestalt Jesu. In seinen »Erläuterungen zum Neuen Testament« schreibt er: »In der Schöpfung sehn wir Gott im Nebel, in Jesus im Bilde.«

Herders Humanitätsideal war christlich begründet. So konnte er in den »Ideen zur Philosophie der Geschichte der Menschheit« den provokanten Satz formulieren: »Humanität ist der Zweck der Menschen-Natur und Gott hat unserm Geschlecht mit diesem Zweck sein eigenes Schicksal in die Hände gegeben.«

Aus dem innersten Kern des Christentums ist Herder fähig geworden, über das Christentum hinauszudenken. Er hat, gerade wenn er von Religion spricht, immer die ganze Welt im Blick. In den »Briefen zur Förderung der Humanität« heißt es: »kein Volk sei ein von Gott einzig auserwähltes Volk der Erde; die Wahrheit muss von allen gesucht, der Garten des gemeinen Bodens von allen gebauet werden.«

IV

Geboren in Polen, in Russland studiert, in der lettischen Hauptstadt Riga gelehrt und gepredigt, von dort eine Schiffsreise nach Frankreich unternommen, um dann endgültig in Deutschland protestantischer Superintendent zu werden – so aufregend international liest sich der Lebenslauf von Johann Gottfried Herder mit *heutigen* Augen. Als er am 18. Dezember

1803 verstarb, waren die politischen Verhältnisse anders: Sein kleines Geburtsstädtchen Mohrungen lag ebenso in Ostpreußen wie Königsberg, wo er zum Schüler Kants wurde. Lettland war seit dem nordischen Krieg ein russisches Gouvernement und Deutschland gab es noch gar nicht, nur Fürstentümer wie Weimar, wo Herder drei Jahrzehnte lang als herzöglich-sächsischer Generalsuperintendent oberster Kirchenverantwortlicher war.

Herders glanzvollste Zeit muss in Riga gewesen sein, wo der junge Prediger Scharen von Zuhörern anzog und man alles tat, um ihn zu halten. Die dominante Kultur in der Hansestadt Riga war die deutsche, und so musste Herder zeit seines Lebens seine Muttersprache nie wirklich verlassen. Aber seine Mentalität war international orientiert. Er hat ja die erste internationale Liedersammlung herausgegeben, »Stimmen der Völker in Liedern«; sie enthält lettische Volkslieder ebenso wie peruanische. Herders Begriff von Humanität, für den er seine Leben lang stritt, war nicht auf Europa beschränkt; er hatte großen Respekt vor den archaischen Kulturen – in der Sprache seiner Zeit spricht er von seinem »Enthusiasmus für die Wilden«. Gott war für ihn »der Menschen, nicht allein der Weißen Vater«, von den Schwarzen sprach er als von »unseren Brüdern«.

Aufgrund seiner Biografie hatte Herder immer einen genauen und detailreichen Blick nach Nordosteuropa. Er war überzeugt, dass die slawischen

Völker, vor allem auch Russland, kulturell eine bedeutendere Rolle spielen werden; für die Ukraine erhoffte er eine Zukunft als »neues Griechenland« – eine kühne Sicht im 18. Jahrhundert. Für Herder waren alle Nationen gleichberechtigt; er verwendete dafür das schöne Bild, dass »jede Nation ihren Mittelpunkt der Glückseligkeit in sich (trage) wie jede Kugel ihren Schwerpunkt«.

Es konnte nicht ausbleiben, dass man Herder auch für den deutschen Nationalismus vereinnahmte. Heute aber ist er vor allem für sein auf ganz Europa bezogenes Denken bekannt. Herder-Preis, Herder-Stipendium, Herder-Institut – oft war Johann Gottfried Herder Taufpate, wenn es um den kulturellen Beitrag und Stellenwert Osteuropas geht. Nach der EU-Erweiterung ist er damit – zwei Jahrhunderte nach seinem Tod – viel aktueller als manche Kleingeisterei, die so tut, als wäre sie von heute. Herder meinte: »Den Deutschen ists also keine Schande, daß sie von anderen Nationen, alten und neuen, lernen.« Würde Herder noch leben, hätte er die Österreicher da sicher miteinbezogen.

Ödön von Horváth
Gott ist die Wahrheit

I

Wer eine Religion von innen kennt, hat einen schärferen Blick für ihren Missbrauch. So auch Ödön von Horváth. Seine Dramen stecken bis in die Titel hinein voller biblischer Anspielungen: »Der jüngste Tag«, »Glaube, Liebe, Hoffnung«, »Jugend ohne Gott«. Aber wenige haben ausgeleierte religiöse Redewendungen und Machtmissbrauch unter dem Deckmantel der Religion so scharf kritisiert wie er. Horváth wurde am 9. Dezember 1901 in einem Vorort von Fiume, dem heutigen Rijeka, geboren, die Familie folgte dem Vater, einem ungarischen Diplomaten, nach Belgrad, Budapest und München. Der Katholizismus des Elternhauses war konventionell geprägt und auf die religiösen Festtage beschränkt. In die Opposition zu dieser Herkunft kam der junge Ödön erst durch den sturen Katechismusunterricht am erzbischöflichen Konvikt in Budapest. 1930 – Horváth lebte in Berlin und war bereits als Schriftsteller bekannt – trat er aus der römisch-katholischen Kirche aus.

Horváth war ein gnadenloser Demaskierer des Bürgertums, auch was dessen Verhältnis zur Religion betrifft. »Was verstehst du unter ›lieber Gott‹?« fragt der Hotelier Strasser seine ehemalige Geliebte

Christine in der Komödie »Zur Schönen Aussicht«. »Zehntausend Mark«, antwortet sie prompt. Diese 10.000 Mark hat Christine geerbt, sie garantieren ihre Unabhängigkeit gegenüber den Männern, die es allesamt nur auf ihr Geld abgesehen haben. Mit diesem Geld ist sie gerettet – aber eben nur sie. Und so spinnt sie ihren Gedanken weiter: »Es gibt einen lieben Gott, aber auf den ist kein Verlaß. Er hilft nur ab und zu, die meisten dürfen verrecken. Man müßte den lieben Gott besser organisieren. Man könnte ihn zwingen. Und dann auf ihn verzichten.«

Die Gleichsetzung von Gott und Geld und die Legitimierung sozialer Ungerechtigkeit und einer paradoxen Welt durch einen gleichgültigen oder strafenden Gott – das ist es, was in Horváths Stücken immer wieder gegen den »lieben Gott« ins Treffen geführt wird.

Dieser Gott ist ein Moloch, denn er hat die Welt so gewollt, wie sie ist. Ein frühes Romanfragment bringt das mit einer polemischen Bibelanspielung zum Ausdruck: »Gott ersann immer neue Bazillen. Seine Erfindungsgabe ist göttlich. Aber der Mensch wehrte sich: je nach Geldbörse. Und Gott sprach: Es werde Krieg! Und es ward Krieg. Und Gott sah, daß es gut war.«

Ödön von Horváth hatte einen klaren Blick auf soziale Muster und sprachliche Formeln. Seine Demaskierung des falschen Redens von Gott ist den religiösen Ursprüngen näher als manche christliche Floskel.

II

»Und die Liebe höret nimmer auf« – dieses Zitat aus dem Hohelied der Liebe im ersten Korintherbrief des Apostels Paulus steht als Motto über Ödön von Horváths Volksstück »Kasimir und Karoline«. Kasimir führt den biblischen Satz fort: »(...) und sie höret nimmer auf, solang du nämlich nicht arbeitslos wirst.« An Kasimirs Arbeitslosigkeit geht die Beziehung zu Karoline zugrunde.

In Horváths Stücken ist die Liebe keine Himmelsmacht, und meist sind es die Frauen, die daran zugrunde gehen – die Horváth'schen Fräuleinfiguren, die aus der bürgerlichen Enge und Scheinwelt ausbrechen wollen und dann scheitern, in den Tod gehen oder in ihn getrieben oder zwangsweise in die bürgerliche Welt zurückgeholt werden, wie Marianne in den »Geschichten aus dem Wiener Wald«. Als sie ganz verzweifelt ist, sucht sie im Stephansdom den Rat eines Beichtvaters. Sie ist bereit, alles zu bereuen – nur das nicht, dass sie ihr Kind geboren hat, wie es der Beichtvater fordert. Da schickt er sie aus dem Beichtstuhl. In der dunklen Kirche beginnt sie zu beten:

> Wenn es einen lieben Gott gibt – was hast du mit mir vor, lieber Gott? – Lieber Gott, ich bin im achten Bezirk geboren und hab die Bürgerschul besucht, ich bin kein schlechter Mensch – hörst du mich? – Was hast du mit mir vor, lieber Gott? –

Stille. Das ist die einzige Antwort, die Marianne zuteil wird. Aus ihrem Gebet spricht ein naiver Kinderglaube. Aber der wird im Stück nicht lächerlich gemacht. Er ist authentischer als die Bibel-, Katechismus- und Literaturzitate, die ihr entgegengeschleudert werden.

III

»Ich bin nämlich eigentlich ganz anders, aber ich komme nur so selten dazu«, sagt die Baronin Ada in Ödön von Horváths Komödie »Zur Schönen Aussicht«. Aus Horváths Stücken spricht ein radikaler Pessimismus: Der Mensch ist ein Gefangener seines Milieus, seiner sozialen Verhältnisse, er ändert sich nie. Erst in seinem Roman »Jugend ohne Gott« zeigt er die Veränderung eines Menschen, eines 34-jährigen Geografie- und Geschichtelehrers, der sich beim Aufkommen des Nationalsozialismus zunächst anpasst. Horváth schreibt hier ein Stück weit seine eigene Geschichte: Auch er hat einen Versuch gemacht, sich den Nazis anzudienen, um in Deutschland arbeiten zu können. Erst 1936 übersiedelte er nach Österreich.

Der Lehrer also ist ein Opportunist, der Karriere machen will und zu sich selber sagt: »Danke Gott, daß du zum Lehrkörper eines Städtischen Gymnasiums gehörst.« Aber mit seinem Satz »Auch die Neger sind doch Menschen« kommt er mit der Nazi-Ideologie in Konflikt. Zu seiner Verteidigung beruft er sich auf die Bibel.

Der Lehrer muss die Klasse auf ein paramilitärisches Zeltlager begleiten, und dabei wird ein Schüler ermordet. Auf der nächtlichen Wache bemerkt der Lehrer, dass der Schüler Z mit einer Diebsbande kooperiert. Heimlich liest er das Tagebuch des Z und zerbricht dabei das Schloss, verschweigt das jedoch. So fällt der Verdacht, das Schloss aufgebrochen zu haben, auf einen Schüler, der am nächsten Tag tot aufgefunden wird.

Im dritten Teil des Romans »Jugend ohne Gott« findet der Gerichtsprozess statt. Und hier geht nun die Veränderung des Lehrers vor sich. Er hört eine Stimme, die ihn auffordert, die Wahrheit zu sagen, auch wenn sie ihn belastet. Sein Verhalten wirkt ansteckend, der falsch Verdächtigte wird entlastet und der wahre Mörder gefunden.

Die Stimme, die der Lehrer hört, ist die Stimme Gottes. Gott kommt im Roman ins Spiel als Widerstandspotenzial gegen den Nationalsozialismus. Wer eine einsame Entscheidung trifft und Widerstand leistet, braucht ein Fundament und ein Kriterium außerhalb seiner selbst – das ist die Botschaft des Romans »Jugend ohne Gott«.

IV

»Wenn ich jemand umbring, dann mach ich das schon mit mir selber aus. Allein mit meinem Gott.« So spricht der Präparator des Anatomischen Instituts in Ödön von Horváths Volksstück »Glaube, Liebe, Hoffnung«. Drastischer kann man es nicht ausdrücken, wie sich ein Mensch seinen Gott für die eigenen Interessen konstruiert und wie bedeutungslos das Wort Gott im gedankenlosen Daherreden werden kann. Mit Gott kann man alles machen.

Bedeutung bekommt das Wort Gott in Horváths Roman »Jugend ohne Gott« – einem der wenigen Romane des 20. Jahrhunderts, die Gott im Titel führen. Noch seltener ist, dass Gott in eine Detektivgeschichte gerät. Bei Horváth wird die detektivische Suche geradezu zu seinem Sinnbild der Gottsuche. Die Aufklärung eines Verbrechens wird gleichzeitig zur Sozialkritik und zur Darstellung religiöser Erfahrung. Diese religiöse Erfahrung hat keine esoterischen oder außergewöhnlichen Züge, sie ereignet sich im Aussprechen der Wahrheit vor Gericht. Der Entschluss des Lehrers, gegen seine eigenen Interessen die Wahrheit zu sagen, ist Zentrum und Wendepunkt des ganzen Romans. Der Zeuge vor Gericht wird zum Zeugen der Wahrhaftigkeit.

»Das Gewissen ist der einzige offene Punkt für den Himmel in uns«, hat der Philosoph Friedrich Wilhelm Schelling geschrieben. Das passt gut auf Horváths Roman »Jugend ohne Gott«, wo das Gewissen zum Ort der Erfahrung Gottes wird. Und aus dieser Gotteserfahrung im Gewissen kann der Lehrer – in Auseinandersetzung mit seinen Eltern und mit dem Pfarrer – auch klar unterscheiden zwischen einem

Gott, der die schlechte Wirklichkeit rechtfertigen soll, und dem Gott der Wahrheit.

V

Wenn von Gott die Rede ist, muss man genau hinhören, denn dieses Wort kann vieles bedeuten. Und auch Gottlosigkeit heißt nicht immer dasselbe. Im Roman »Jugend ohne Gott« von Ödön von Horváth gibt es zwei Arten von Gottlosigkeit: die linksliberalhumanistische des Lehrers und – darauf spielt der Romantitel an – die faschistische Gottlosigkeit der Schüler.

Drei verschiedene Gottesvorstellungen prallen in diesem Roman aufeinander: Da ist einmal der Konventionsgott der Eltern des Lehrers, zum anderen der zynische Gott des Pfarrers, der unumwunden sagt: »Gott ist das Schrecklichste auf der Welt«; damit rechtfertigt er das Leid armer Kinder und eine Kirche, die auf Seiten der Reichen und des Staates steht. Mit beidem will der Lehrer nichts zu tun haben. Er hat Gott erfahren in seiner Gewissensentscheidung, vor Gericht die Wahrheit zu sagen, auch wenn sie ihn selber belastet. Aber er findet keine richtigen Worte für diese Erfahrung.

Deutlich wird das, als er den Eltern einen Brief schreiben will. Da bringt er den konventionellen Satz »Macht Euch keine Sorgen, Gott wird schon helfen« zu Papier. Dann schämt er sich dafür und zerreißt den Brief. Nach mehreren vergeblichen Versuchen betrinkt sich der Lehrer und schreibt den Satz dann doch hin: »Gott wird schon helfen.« Der Lehrer kann nicht zur naiven Frömmigkeit seiner Eltern zurückkehren. Aber er hat doch keinen anderen Namen für ihn als dieses immer wieder missbrauchte und vieldeutige Wort Gott. Doch er gibt ihm eine neue, eigene Bedeutung.

Abseits aller kirchlichen Frömmigkeit macht Ödön von Horváth Gott und Gottlosigkeit in seinem Roman zum zentralen Thema. Er schreibt von einem Standpunkt aus, der den christlichen Glauben als unmittelbare Gewissheit hinter sich gelassen hat, und provoziert damit Christen wie Nichtchristen.

Immanuel Kant & Thomas Bernhard
Vernunft auf hoher See

I

Kaum 1 Meter 57 groß, schwacher Knochenbau, wenig Muskulatur, die Schultern ungleich hoch und der Kopf zu groß, zumindest im Verhältnis zum Körper – so wird der Philosoph Immanuel Kant beschrieben. Er war von schwacher Konstitution und musste mit seinen Kräften haushalten. Der stur eingehaltene Tagesplan, die pünktlichen Spaziergänge, nach denen die Königsberger angeblich ihre Uhr stellen konnten: Was oft bespötteln wurde, war Kants sorgsamer Umgang mit seinem Körper. Dieser Körper war vom Kopf dominiert. Alle Abenteuer, die Kant erlebt hat, fanden in seinem Kopf statt. Er war ein leidenschaftlicher Denker, der aufs Ganze ging, der wissen wollte, was es auf sich hat mit der Welt und dem Menschen.

Kant hat die Welt nicht mit eigenen Augen gesehen: In den 80 Jahren seines Lebens ist er nie über den Umkreis von Königsberg hinausgekommen. Aber er konnte die Londoner Westminster Bridge so genau beschreiben, dass ein zufällig anwesender Engländer dachte, er wäre Architekt und hätte mehrere Jahre in London gelebt.

Kants Leben war nicht einfach. Mit 13 verlor er die Mutter, und als er Student war, kam es vor, dass er das Haus nicht verlassen konnte, weil sein einziger Rock beim Schneider zum Ausbessern war. Finanziell schlug er sich als Hauslehrer durch, seine erste feste Anstellung fand er mit 42 Jahren als Bibliothekar und ein eigenes Haus konnte er sich erst leisten, als er 63 war. Das Erstaunliche daran: Kant war weder verbittert, noch hat er je um Gunst gebuhlt. Seine Unabhängigkeit war ihm alles – im Leben wie im Denken. An Moses Mendelssohn schrieb er einmal: »Zwar denke ich vieles mit der allerklärsten Überzeugung, was ich niemals den Mut haben werde zu sagen. Niemals aber werde ich etwas sagen, was ich nicht denke.«

Kant hat sich nicht hinter seinem faszinierenden Denkgebäude verschanzt, sondern zu allen öffentlichen Fragen wie Erziehung, Politik oder Religion Stellung genommen und nie laviert, um Konflikte zu vermeiden. Auch das macht die Faszination dieses Denkers aus.

II

»Daß große Leute nur in der Ferne schimmern und ein Fürst vor seinem Kammerdiener viel verliert, kommt daher, weil kein Mensch groß ist.« Immanuel Kant, der diesen Satz geschrieben hat, wollte auch die großen Denker entzaubern. Sich nicht »im Troß der Nachbeter« einzufinden war ihm wichtig, als er schon als junger Mann gegen Größen wie Descartes und Leibnitz polemisierte. Und er wollte auch selbst nicht nachgebetet werden. Als seine Professorenkollegen ihren Studenten hauptsächlich vorlasen, wollte er Philosophie nicht als Stoff vermitteln, sondern als Tätigkeit und Methode. Die ganze ehrwürdige Geschichte des Denkens war für Kant hauptsächlich Übungsmaterial zum Widerspruch. »Er munterte auf und zwang angenehm zum Selbstdenken«, schrieb sein berühmtester Schüler Johann Gottfried Herder später.

»Habe Mut, dich deines eigenen Verstandes zu bedienen«, ist vielleicht die bekannteste Maxime Kants. Aufklärung war für ihn »Ausgang des Menschen aus seiner selbstverschuldeten Unmündigkeit«, und Unmündigkeit eben »das Unvermögen, sich seines Verstandes ohne Leitung eines anderen zu bedienen«.

Wie der Verstand, das menschliche Erkennen funktioniert, das steht im Zentrum von Kants »Kritik der reinen Vernunft«. Dass wir die Dinge nicht erkennen können, wie sie an sich sind, sondern wie sie uns aufgrund unseres Verstandes erscheinen, dass Raum und Zeit Kategorien sind, die wir in die Welt hineinsehen und hineintragen – dieser Grundansatz Kants hat die Fanatiker absoluter Wahrheiten immer irritiert. Gerade damit wird der Weg frei zur Einsicht, dass jede große Theorie ihre Bedingungen hat, unter denen sie gilt, und dass auch hinter den beeindruckendsten Denkgebäuden immer ein konkreter Mensch steht. Darum interessiert uns ja auch der Mensch Immanuel Kant.

III

»Die Lebensgeschichte des Immanuel Kant ist schwer zu beschreiben. Denn er hatte weder Leben noch Geschichte.« So spottete Heinrich Heine, und es ist kein Wunder, dass er einen so gegensätzlichen Charakter nicht verstehen konnte. Trotzdem geht vom Leben des leidenschaftlichen Denkers Kant eine Faszination aus – gerade weil er es so radikal seinem Denken untergeordnet hat.

Besonders gut orientiert sind wir über die letzte Phase von Kants Leben, über das Schwinden seiner Kräfte: das Nachlassen der Erinnerung, das Erblinden des linken Auges, das Vergehen des Geschmackssinnes und des Appetits; Kant, der ein guter Esser gewesen war, konnte süße Speisen von sauren nicht mehr unterscheiden und aß nicht mehr genug, um bei Kräften zu bleiben. Einmal stürzte er auf der Straße und konnte nicht mehr allein aufstehen; da stellte er seine Spaziergänge ein.

»Ich fürchte nicht den Tod, ich werde zu sterben wissen«, versicherte Kant in seinen letzten Lebensjahren und fügte hinzu: Wenn er wüsste, er würde diese Nacht sterben, würde er Gott loben. Eine Einschränkung nahm Kant vor: »Ja, wenn ein böser Dämon mir im Nacken säße und mir ins Ohr flüsterte: Du hast Menschen unglücklich gemacht! dann wäre es etwas anderes.«

Das Verhältnis zu den Mitmenschen und das Gewissen im eigenen Inneren – das war Kants erster

Zugang zur Religion, nicht Gebete und Riten. Dagegen hatte er seit seiner Schulzeit, die von religiösem Zwang geprägt war, eine tiefe Abneigung. Auch über Religion dachte Kant zuallererst rational. Dass auch bei ihm das Denken an Rätsel und Wunder stieß, zeigt sein vielleicht berühmtester Satz: »Zwei Dinge erfüllen das Gemüt mit immer neuer und zunehmender Bewunderung und Ehrfurcht, je öfter und anhaltender sich das Nachdenken damit beschäftigt: Der bestirnte Himmel über mir und das moralische Gesetz in mir.« Kant, der große Denker, hat das Staunen über die Welt und den Menschen nicht verlernt.

IV

Immanuel Kant und Thomas Bernhard haben nicht nur ihren Todestag, den 12. Februar, gemeinsam. Bernhard hat ein Drama mit dem Titel »Kant« geschrieben: eine groteske Farce, in der der Philosoph verheiratet ist und mit dem Schiff nach Amerika fährt, um sich dort einer Augenoperation zu unterziehen und das Ehrendoktorat der Columbia-Universität entgegenzunehmen. Mit an Bord sind eine Millionärin, ein Admiral und ein Kardinal – dekadente Spitzen der Gesellschaft, die nur Plattitüden von sich geben.

Und Kant hat einen Papagei, Friedrich, der alles nachplappern kann, was Kant ihm vorgesprochen hat und in jeder Szene »Imperativ, Imperativ« krächzt.

Der aufgeklärte Preußenkönig Friedrich II. wird in Thomas Bernhards Komödie zum Papagei, Kant zu einem Wahnsinnigen, den in Amerika schon die Ärzte erwarten, um ihn ins Irrenhaus zu bringen. Gegen das Tuten der Dampfpfeifen und die Klänge des Donauwalzers will Kant auf dem Schiff eine Vorlesung halten, aber es gelingt »naturgemäß« nicht: »Unmöglich von Vernunft zu sprechen / auf Hoher See«, konstatiert Kant. Alles kann untergehen, alles ist ständig von Zerstörung bedroht, und ein denkender Mensch endet im Irrenhaus – so hat Bernhard das Stück in einem Interview kommentiert.

Das Licht der Vernunft, der Optimismus der Aufklärung und der dunkle Katastrophenton Bernhards: Stärker könnte der Gegensatz nicht sein – und die Nähe auch nicht. »In der Finsternis wird alles deutlich«, lautet ein oft zitierter Bernhard-Satz. Weil Bernhard einmal das Theater total finster und ohne Notbeleuchtung haben wollte, entstand eine erbitterte Auseinandersetzung mit den Salzburger Festspielen. Finsternis ist Bernhard wichtig – aber nur, um die Wahrheit grell und schmerzlich ins Licht zu setzen.

V

Atemnot macht Angst. Um den Atem ringen heißt, um sein Leben kämpfen. Immanuel Kant litt aufgrund seines eingedrückten Brustkorbs lebenslang an Atemnot. Durch bewusste Konzentration kämpfte er gegen die Angst, die ihn deswegen plagte. Thomas

Bernhard hat den dritten Band seiner Autobiografie
»Der Atem« genannt und sich darin an ein Schlüsselerlebnis erinnert: Als Todgeweihter hatte er sich in
der Lungenheilstätte entschlossen, noch einmal mit
aller Kraft zu atmen und am Leben zu bleiben. Die
letzten Monate und Jahre seines Lebens, als er klar
um seinen baldigen Tod wusste, waren wieder von
schrecklichen Anfällen von Atemnot geprägt. In den
atemlosen Monologen seiner Prosa sehen manche
Interpreten Thomas Bernhards eigenen Kampf um
den Atem am Werk.

Sicher ist, dass Bernhard sein Lebenswerk einem
geschundenen Körper abgerungen hat. Darum faszinierten ihn die radikalen Geistesmenschen, die
ebenso ausschließlich für ihr Denken oder ihre Kunst
gelebt haben: Immanuel Kant, Ludwig Wittgenstein
oder der Pianist Glenn Gould, der im Roman »Der
Untergeher« eine zentrale Rolle spielt. »Hier oben
dieser Riesenkopf, tief unten ununterbrochen diese
schwachen, zerbrechlichen Beine«, heißt es schon in
Bernhards erstem Roman »Frost«, und immer wieder
inszeniert er diesen Kampf gegen den Körper, gegen
das Organische, gegen die Natur.

»Es ist mir nichts anderes übriggeblieben, als
mich in meinen Verstand zu flüchten und mit dem
irgendetwas anzufangen, weil das Körperliche nichts
hergegeben hat. Das war leer«, hat Bernhard sehr
offen in einem Interview von sich selbst gesagt. Das
Schreiben war auch sein lebenslanger Kampf um

Anerkennung. Eindrucksvoll demonstriert es die Größe des Denkens und der Kunst – und ihre Zerbrechlichkeit. Denn der schwache Körper verschafft sich Durchbruch und zwingt zu der Einsicht, die Thomas Bernhard sehr früh formuliert hat: »Es ist alles lächerlich, wenn man an den Tod denkt.«

VI

> Was hab ich gelernt?
> Keine Religion.
> Mich nimmt keiner
> In seinen Koben.

Diese Sätze stehen in einem unveröffentlichten Gedicht von Thomas Bernhard; es wurde aus seinem ersten Band »Auf der Erde und in der Hölle« ausgeschieden. Oft hat man sich über den religiösen Ton seiner frühen Gedichte gewundert, vor allem über die »Neun Psalmen«. Doch auch dort steht der Satz: »Allein werde ich Gott vernichten / um Gott wieder aufzubauen.« Nein, der Satz steht so nicht mehr im Gedicht. »Allein werde ich Gott vernichten« wurde nämlich gestrichen, das war zu radikal in den 1950er Jahren; und die Bernhard-Forschung hat das bis heute nicht bemerkt.

»Mich nimmt keiner in seinen Koben« – Thomas Bernhard war allergisch gegen Eingemeindungen. Und er hat den Missbrauch der Religion klar erkannt: Unvergesslich die Stelle in seiner Autobiografie, wo er den weißen Fleck an der Wand hinter dem

Kreuz beschreibt: dort war kurz davor noch das Hitler-Bild gehangen. Und in den Riten und Tagesabläufen des Internats hatte sich seither kaum etwas geändert.

Um sich abzusetzen von der konventionellen Religion, von der festgefügten Heimat und vom Staat Österreich hat Bernhard in Interviews wie auch in seinen Werken starke Formulierungen gefunden. »Vater unser, der du bist in der Hölle, geheiligt werde kein Name« – so beginnt das Anti-Vaterunser des Malers Strauch in Bernhards Roman »Frost«. In der Religion sind die vorgefundenen Formeln besonders markant und der Kampf gegen sie besonders intensiv. Zumindest dem jungen Bernhard war dieser Kampf sehr ernst: »Allein werde ich Gott vernichten / um Gott wieder aufzubauen.« Aber das konnte, wie gesagt, so nicht gedruckt werden. Das Endergebnis dieses Prozesses bei Bernhard kennen wir nicht. Denn die Religiosität ist etwas sehr Intimes. Auch bei einer öffentlichen Person wie Thomas Bernhard, von dem wir glauben, viel zu wissen.

Erhart Kästner
Tage, in denen das Anschaun gelang

I

Griechenland in den vierziger und fünfziger Jahren des 20. Jahrhunderts – das war noch eine andere Welt als die der Touristenkataloge und Inklusivurlaube von heute. Und mancher, der dem entfliehen will, hat noch immer Bücher von damals im Rucksack, wenn er sein Griechenland entdecken will: Bücher von Erhart Kästner. Der am 13. März 1904 in Schweinfurt geborene Kästner war nach seinem Studium Bibliothekar in Dresden und in den Jahren 1936/37 Sekretär von Gerhart Hauptmann. Als er zur Wehrmacht einberufen wurde, meldete er sich als Dolmetsch für Griechenland – obwohl er kein Wort Neugriechisch konnte. Mit viel Glück gelang es ihm auch noch, den Auftrag des Luftwaffenkommandos zu erwirken, ein Griechenlandbuch zu schreiben. Es ist 1941 erschienen.

Dem folgte der Auftrag zu einem weiteren Buch über die griechischen Inseln. 1944 hatte er sein Kreta-Buch abgeschlossen. Im Mai 1945 geriet Kästner auf Rhodos in englische Kriegsgefangenschaft. So sollte er zweieinhalb Jahre in Ägypten verbringen. Im Wüstenlager entstand das »Zeltbuch von Tumilad«. Darin wird sich Kästner bewusst: »Mir war der Himmel während des Krieges gnädig gewesen; ich hatte Grund, auf den Knien dankbar zu sein. Mir blieb erspart, unter Mordenden mitmorden zu müssen.«

Genau hat Kästner die Wüste gesehen und beschrieben. Und seinen inneren Bildern trauen gelernt. Er notierte: »Was ist der Mensch? Ein Träger von Bildern, die nicht mitteilbar sind. Ein einsamer Träger von Bildern in Wachen und Schlaf.«

Die Bilder, die Kästner in sich trug, stammten von Griechenland. Er erinnerte sich an den Aufstieg zum Ida-Gebirge und den Hirtenjungen, der ihn geführt hatte:

> Er versicherte immer von neuem, wie um mich zu bekehren: dies hier, die Hänge am Ida, seien das Schönste, das Allerschönste der Welt – von der er ja nichts kannte als eben nur das. Ich, der vorher und nachher viel Schönes gesehen: von ihm erst habe ich gelernt, was immer ich sehe, gläubig fürs Schönste zu nehmen.

II

»Meine Liebe zu Griechenland stammt aus dem Krieg«, schrieb Erhart Kästner in einem seiner bekanntesten Bücher, »Ölberge, Weinberge«. Nach Kriegsgefangenschaft und Rückkehr nach Deutschland wurde er 1950 Direktor der Herzog August Bibliothek in Wolfenbüttel, der berühmten Bibliothek von Leibniz und Lessing. So sollte Kästner sein Griechenland sechs Jahre nicht sehen. »In diesen sechs Jahren sind meine Liebesblicke für dieses Land nie matter geworden«, stellte er fest; und war sich bewusst: »Dies Land fordert Zeit und Geduld.« Gerade das hat Kästner von Griechenland gelernt: »Zeit ist der natürliche Reichtum des Menschen und Geduld ist der Ausweis, daß man das Geburtsrecht auf diesen Reichtum besitzt.«

Der Reichtum der Zeit war für Erhart Kästner die Grundlage, sehen zu lernen. Tage, an denen das gelingt, sind für ihn die besonderen Tage, die zählen im Leben. In »Ölberge, Weinberge« beschreibt er sie:

> Jeder bewahrt in seinem Gedächtnis eine Reihe von Tagen, an denen er durchzudringen vermochte und den Glanz der sieben Schöpfungstage erblickte. Die Knabenjahre waren reicher daran. Da war ein erster Sonnenaufgang, Tauwiesen, eine erste Hochgebirgsnacht mit brennenden Sternen, der Fall in einen Augusttag beim Baden am Fluß: Tage, in denen das Anschaun gelang.

Griechenland war für Erhart Kästner *die* Schule des Sehens. Er hatte für alles ein Auge: für die Antike, für die orthodoxen Klöster, für das bescheidene Leben auf abgelegenen Inseln, für den Reichtum an Licht und Gerüchen. Und weil er dafür eine Sprache fand, eine eigenwillige und langsame Sprache, sind seine Bücher eine Einübung in die Lektüre der Bilder: der Bilder von Griechenland und der Bilder im eigenen Inneren.

III

Die griechischen Inseln und ihre Verschiedenheit in einer immer uniformeren Welt standen am Anfang der Griechenland-Liebe des deutschen Bibliothekars Erhart Kästner. 1953 sollte er seine erste Reise zum Berg Athos und seinen orthodoxen Klöstern unternehmen. Viele Leser des Buches »Die Stundentrommel vom heiligen Berg Athos« sind ihm dorthin gefolgt. Gegen Ende seines Lebens hat er noch einmal beschrieben, was ihn an den griechischen Kirchen fasziniert hat:

> Diese Kirchen, ihren Aufschein gewinnen sie in den Nächten. Licht kann nur in der Finsternis sein, in der Finsternis dieser Welt, dieses absurden Theaters. Erkenntnis, die uralt und neu ist. Uralt wie die kleinen Kirchen, in die ich in Sommernächten einsickere, ein paar Stufen unter der Erde; entweder sie sind in die Tiefe gesunken vor Alter, oder sie sind gleich zu Anfang höhlenartig gebaut, zur Versenkung. Schlupfe ein in die Höhlen, halb Christ und halb Heide, also ganz Heide, bloß nicht stolz darauf, vielmehr neidisch.

Erhart Kästners lebenslange Liebe zu Griechenland hat Veränderungen durchgemacht. Immer mehr ist ihm bewusst geworden, dass es kein nostalgisches Zurück zu alten Zeiten gibt und auch, dass man nicht einfach in einen alten Glauben springen kann. Und doch waren die Athos-Klöster für ihn eine Korrektur. »Der Athos, eine Bloßstellung der Neuzeit«, notierte er. Und Neuzeit hieß für ihn: Glaube an die

Herstellbarkeit von allem und Ausrechnung der Zeit. Die Ikonen waren eine Gegeninstanz, der beseligende Blick auf die Bilder ein Fenster zum Unverfügbaren, ein Augenblick des Wunders.

IV

Die Griechenlandbücher von Erhart Kästner sind weit mehr als Reisebeschreibungen. In der »Stundentrommel vom heiligen Berg Athos« verweilt er in orthodoxen Kirchen und Klöstern, ohne dabei den Blick für das Land zu verlieren. In der kleinen Zwölf-Apostel-Kirche hält er inne vor einem Mosaik der Verklärung Christi, einem Lieblingsbild der griechischen Kirchen. Und Erhart Kästner meditiert darüber, was Verklärung bedeuten könnte. Seine Worte brauchen keinen Kommentar:

> Was Verklärung, ganz allgemein, ist, kann in seinen kleinen Verhältnissen Aller und Jeder erfahren. Und erfährt es. Wenn Verklärung der Durchbruch des Eigentlichen durchs Schemenhafte, des Lebendigen durch die Schatten, des Geliebten durchs Ungeliebte und die Ankunft des Langerwarteten ist, so weiß jeder, daß solche Momente es sind, um derentwillen wir leben. (...)
> Wir leben auf Verklärungen zu, worauf sollten wir sonst, es ist unsere angeborene Hoffnung. Mag es auch nur ein Handgeld, mag es auch nur ein erster, niederer Grad sein, was wir mit unseren beschränkten Organen erfahren: was es heißt, wenn sich uns ein Mensch, eine Heimat, ein Wort, ein im Vertrauen

gesprochener Satz, wenn sich uns eine Stunde verklärt, das können wir immerhin wissen. Wo sonst knüpften wir an?
(...)
Verklärung gehört zu unserem Leben. Mit ihr beginnt erst das Leben. Und das weiß auch Jeder, daß nur die Liebesblicke es sind, die die Kraft der Verklärung besitzen. Nur dem Auge, das nicht liebt und nie geliebt hat, ist Verklärung nie widerfahren. Und selbst wenn es sich wieder entzog, was dem Liebesblick aufschien: da darf man sich nicht irr machen lassen, daß es das Eigentliche, daß es das *Wirkliche* war.

V

Kaum noch auszudenken, daß es Jahrhunderte gab, die nicht so viel hielten vom Zeitmessen. Wenn man für einen Augenblick, einen Wolkendurchbruch, sehen will, was uns vom Altertum abtrennt, von der Antike, so braucht man sich bloß zu erinnern, daß es die Uhr nicht gewollt hat.

So beginnt eine der nachgelassenen Aufzeichnungen Erhart Kästners, die nach seinem Tod (1974) unter dem Titel »Der Hund in der Sonne« erschienen sind. In Griechenland, von dem nahezu alle seine Bücher erzählen, hat er ein anderes Verhältnis zur Zeit kennengelernt.

»Neuzeit ist Meßzeit«, war eine Kurzformel für die Kritik, die er an unserem Lebensstil und unserer Einstellung zur Welt formulierte:

Wir sind überzeugt, die Welt läßt sich ausrechnen. Lebenszeit nebensächlich, unwissenschaftlich. Träu-

merisch, rückständig. Geht heute nicht mehr. Allenfalls Sache von ein paar Zurückbleibern, Spinnern, Streunern und Gammlern. Von Schwarmgeistern, jugendlichen Protestanten gegen die Neuzeit. Geht vorüber. Unwichtig.
Hingegen jeder Zeitgemäße trägt seine Handschelle, Handfessel und denkt an Fahrzeit und Flugzeit. Wird die Welt ausgemessen, so fängts mit der Zeit an.

Die Lebenszeit, die einmaligen Augenblicke – das war es, was für Erhart Kästner zählte. In seinem Griechenland-Buch »Ölberge, Weinberge« hat er es so ausgedrückt: »Am Schluß ist das Leben nur eine Summe aus wenigen Stunden, auf die man zulebte. Sie sind; alles andere ist nur ein langes Warten gewesen.«

VI

»Mit der Zeit freilich war meine Liebe zu Griechenland nicht mehr dieselbe wie anfangs«, schreibt der Autor Erhart Kästner in seinem letzen Buch »Aufstand der Dinge«. In diesen »byzantinischen Aufzeichnungen« – so der Untertitel – hat er, Griechenland ständig vor Augen, die Summe seiner Gedanken und Erfahrungen versammelt. Sie wird zu einer Kritik an der Moderne:

> Modern ist das Unternehmen der Neuzeit, die Welt auszurechnen; ratio, die Rechnung. Modern ist die totale Verfügung über die Dinge, die totale Steuerung aller Verläufe; totale Verfügung über die Vergangenheit, über die Zukunft, und selbstverständlich über den Menschen.

Es beginnt für Erhart Kästner mit der Verfügung über die Dinge, die so zu hergestellten Waren werden. Auch die Landschaft wird für die Touristen zur Ware, so verbrauchen sie immer mehr von ihr, verbrauchen immer mehr von der Welt und sind am Schluss selbst nur mehr Verbraucher – »verbrauchte Verbraucher«. Erhart Kästner hütet sich, einen klaren, einfachen Ausweg zu nennen, aber er besteht auf seinen Erinnerungen:

> Ich begriff, welcher Abgrund besteht zwischen unserem erfolgreichen Leben, das vollgestopft ist mit Taten, Untaten, Fortschritt und ewigem Rückfall, und dem alten untergehenden Osten, der die zu voll gekritzelte Tafel zu löschen suchte, um sie frei zu machen für etwas, das Weisheit zu nennen, schon zu tüchtig, zu stolz klänge.

Erhart Kästner war kein Aussteiger. 18 Jahre hat er tüchtig die Herzog August Bibliothek in Wolfenbüttel geleitet. Aber das Licht Griechenlands hat ihm einen anderen Zugang zum Leben ermöglicht. Es leuchtet noch immer aus seinen Büchern und ermutigt zu eigenen Wegen und Bildern.

Imre Kertész
… *dann hat Gott sich mir im Bild von Auschwitz offenbart*

I

»›Jude‹ ist allein für die Antisemiten ein eindeutiger Begriff«, schreibt der ungarische Literaturnobelpreisträger Imre Kertész in einem seiner Essays. Im November 1938 war »Jude« in Nazi-Deutschland ein sehr eindeutiger Begriff; damals wurden fast alle Synagogen, jüdischen Friedhöfe und mehr als 7000 jüdische Geschäfte zerstört.

Schon im April 1933 ergeht der Aufruf zum Judenboykott, 1935 folgen die Nürnberger Rassengesetze, und als am 7. November 1938 auf den deutschen Botschaftssekretär in Paris ein Attentat verübt wird, nimmt man das zum Anlass, nun auch tätlich gegen alle Juden vorzugehen. Am Abend des 8. November brennt in Bad Hersfeld die erste Synagoge, im Laufe des Abends und der Nacht werden zahlreiche Juden misshandelt und gibt es das erste Todesopfer. Die Nacht vom 9. November ist der Beginn der systematischen Ermordung der Juden. Das Ausmaß der Brutalität in der »Ostmark«, wie Österreich seit dem Anschluss an Hitlerdeutschland heißt, übertrifft selbst die Erwartungen der Nazis in Berlin. Dort macht man sich Sorgen um die Sachwerte, die dabei zerstört wurden. Hermann Göring sagt, es wäre ihm

»lieber gewesen, man hätte 200 Juden erschlagen, als solche Werte zu vernichten«.

Muss man immer wieder an diese Gräuel erinnern? Kann man die Vergangenheit nicht auf sich beruhen lassen? Was haben wir heute damit zu tun – die Täter wurden doch zur Verantwortung gezogen, außerdem leben nur noch wenige. Geht es also nur um die Überlebenden, die ihre traumatischen Erlebnisse nicht vergessen können? »Das Überleben ist nicht nur das persönliche Problem der Überlebenden, die langen, dunklen Schatten des Holocaust legen sich über die gesamte Zivilisation, in der er geschah und die mit der Last und den Folgen des Geschehenen weiterleben muss«, schreibt Imre Kertész, selbst einer der KZ-Überlebenden. Die europäische Kultur – auch das Christentum – hat vor Auschwitz versagt. Darum kann man heute nicht davon sprechen, ohne über Auschwitz zu sprechen.

II

Am 9. November 1938 kam es in ganz Deutschland und in dem seit März »angeschlossenen« Österreich zu den ersten organisierten Gewalttaten gegen Juden – der Name »Reichskristallnacht« verharmlost die Ermordung von 91 Juden, die Zerstörung der Synagogen und die Plünderung der jüdischen Geschäfte.

Diesen 9. November erlebt Imre Kertész in Budapest an seinem neunten Geburtstag. Keine sechs Jahre später besetzen die Deutschen auch Ungarn, Kertész wird nach Auschwitz deportiert. Nicht das eigene Zugehörigkeitsgefühl, sondern die Judengesetze und Auschwitz machen ihn zum Juden. 1945 wird er aus Buchenwald befreit und kehrt nach Budapest zurück, wo er bald das Entstehen der kommunistischen Diktatur erleben muss. In Abgeschiedenheit und »freiwilliger Einkerkerung«, wie er es selbst bezeichnet, schreibt er mehr als zehn Jahre an seinem »Roman eines Schicksallosen« – einem Auschwitz-Roman aus der Perspektive eines fünfzehnjährigen Jungen, um alles spätere Wissen, alle Deutungen zu unterlaufen und Auschwitz vor den Augen des Lesers entstehen zu lassen.

Für diesen Roman, der lange nicht erscheinen kann und dann totgeschwiegen wird, erhält Imre Kertész 2002 den Literaturnobelpreis. In der Preisrede sagt er, er betrachte den Holocaust nicht als unaufhebbaren Konflikt zwischen Deutschen und Juden, nicht als jüngstes Kapitel der jüdischen Leidensgeschichte und nicht als einmaligen Ausrutscher der Geschichte. »Ich habe im Holocaust die Situation des Menschen erkannt, die Endstation des großen Abenteuers, an der der europäische Mensch nach zweitausend Jahren ethischer und moralischer Kultur angekommen ist.«

Der Holocaust ist nicht auf die Betroffenen beschränkt. Er muss, wie Kertész schreibt, »in derselben Kultur reflektiert werden, innerhalb derer er begangen wurde«. Oder, um noch einmal aus der Nobelpreisrede zu zitieren: für Kertész ist »seit Auschwitz nichts geschehen (...), was Auschwitz aufgehoben, was Auschwitz widerlegt hätte«.

III

»Woran du auch glaubst, du wirst sterben; glaubst du jedoch an nichts, bist du bereits als Lebender tot.« Dieser Satz steht im »Galeerentagebuch« des Literaturnobelpreisträgers Imre Kertész. Doch woran kann man noch glauben nach Auschwitz? Begriffe wie »jenseitige Ordnung«, »Vorsehung« oder »metaphysische Gerechtigkeit« verbieten sich für den KZ-Überlebenden Kertész, denn sie würden bedeuten, dass man, wie er in der Nobelpreisrede formulierte, »die tiefe und quälende Verbindung zu den Millionen verliert, die vernichtet worden sind und die Gnade nie erfahren haben«.

Wenn es Gott gibt, ist er der Ursprung von allem. Im Roman »Kaddisch für ein nicht geborenes Kind« von Kertész sagt der Erzähler zu seiner Frau: »Und wenn es stimmt, daß Gott ein glorifizierter Vater ist, dann hat Gott sich mir im Bild von Auschwitz offenbart.«

Gott bleibt ein Thema, wenn es darum geht, zu verstehen, was geschieht; auch das steht im »Kaddisch«-Roman: »daß (...) das *Verständnis* der Welt die religiöse Aufgabe des Menschen ist, völlig unabhängig von den verkrüppelnden Religionen verkrüppelter Kirchen«.

Und Gott bleibt eine notwendige Vorstellung, wenn der Schriftsteller gegen die Welt der Ideologie anschreibt:

> (...) weil er die Sprache zu erhalten hat, in der das Opfer seinem Leid noch Ausdruck geben kann, seine Anklagen noch zu formulieren vermag. Das aber wird nun immer schwieriger, einfach deshalb, weil niemand da ist, zu dem sich sprechen lässt. Einst war der Mensch das Geschöpf Gottes, eine tragische, erlösungsbedürftige Kreatur.

Für Imre Kertész, dem »der Gottesgedanke vertraut, aber jedwede Konfession fremd ist«, wie er schreibt, ist Gott keine Lösung, schon gar nicht, wenn es darum geht, Auschwitz zu verstehen. Aber er bleibt einen brennende Leerstelle.

IV

Der Schriftsteller Imre Kertész, der Auschwitz und Buchenwald überlebt und dann vier Jahrzehnte in einer kommunistischen Diktatur gelebt hat, hat allen Grund, eine desillusionierende Bilanz des 20. Jahrhunderts zu ziehen. Er schreibt:

> Tatsache ist, in diesem Jahrhundert hat sich alles entlarvt, hat wenigstens einmal alles sein wahres Antlitz gezeigt, sich als das offenbart, was es eigentlich ist. Der Soldat als berufsmäßiger Mörder, die Politik als kriminelle Machenschaft, das Kapital als menschenvernichtendes, mit Leichenverbrennungsöfen gerüstetes Großunternehmen, das Recht als Spielregel fürs

schmutzige Geschäft, die Weltfreiheit als Völkergefängnis, der Antisemitismus als Auschwitz, das Nationalgefühl als Völkermord.

Als Schriftsteller hat Imre Kertész darauf eine Antwort gegeben: keine theoretische, sondern eine künstlerische, die den Wert der Erfahrung höher schätzt als jede Theorie. Er ist zur Einsicht gekommen: »daß nur eine Wirklichkeit existierte: ich selbst, und daß ich aus dieser einmaligen Wirklichkeit meine einmalige Welt erschaffen mußte.« Auf sehr unterschiedliche Weise hat er in seinen Büchern eine Darstellungsform und eine Sprache gefunden für die Erfahrung.

»Leiden, auf den Begriff gebracht, bleibt stumm und konsequenzlos«, hat Adorno festgestellt. Die Sprache der Erfahrung ermöglicht es, dass die Opfer des 20. Jahrhunderts, das Kertész ein »ununterbrochen Dienst tuendes Hinrichtungskommando« genannt hat, nicht stumm bleiben müssen, sondern Worte finden für ihre Klagen.

V

Der Schriftsteller Imre Kertész kommt aus Ungarn. Dort konnte er genau beobachten, wie eine Diktatur funktioniert; in den vier Jahrzehnten des kommunistischen Regimes beobachtete er die Selbstaufgabe der Menschen, die schäbigen Kompromisse: »dieser Trabant- und Datschenkonformismus, der vollkommene Mangel an gesellschaftlicher Solidarität, das Ausmaß nationaler Fühllosigkeit gegenüber den Problemen anderer«, konstatiert er. Die alltägliche Erfahrung der Diktatur hat ihn besonders befähigt, Auschwitz literarisch darzustellen. In seiner Nobelpreisrede zweifelte er, ob er in einer freien Gesellschaft seinen »Roman eines Schicksallosen« geschrieben hätte. »Der Ekel und die Depression, mit denen ich allmorgendlich aufwachte, stimmten mich unmittelbar auf die Welt ein, die ich darzustellen beabsichtigte.«

Kertész hat einen genauen Blick auf sein Land und den mittelosteuropäischen Raum. Er weigerte sich, das Ende der Diktatur gleich als die große Befreiung zu feiern. In sein »Galeerentagebuch« schrieb er: »Nur weil der Bolschewismus untergegangen ist, müssen wir noch nicht denken, daß das Scheitern des sogenannten Sozialismus nicht das größte generelle Fiasko des Jahrhunderts ist.«

Wenn man die Rentner – nicht nur in Ungarn – sieht, die Mangel am Notwendigsten leiden, wenn man die Arbeitslosenzahlen anschaut und von den Straßenkindern weiß, versteht man diesen Einwurf von Kertész. Gegen das Diktat der Wirtschaft, das heute schon für normal gehalten wird, hat er sich klar ausgesprochen: »(...) alles nur als ein wirtschaftliches Problem anzusehen, jedes Problem für allein wirtschaftlich lösbar zu halten, ist eine wirklich mörderische Sicht, eine geistige Neutronenbombe, die den Körper unversehrt läßt und einzig die Seele tötet.«

VI

»Ich gehe von Auschwitz aus, und immer wenn ich an einen neuen Roman denke, denke ich an Auschwitz«, hat Imre Kertész einmal gesagt. Spricht daraus das Trauma des Überlebenden, der nicht mehr glücklich werden kann? In der Tat registriert Kertész in dem stark autobiografischen Buch »Ich – ein anderer« sehr erstaunt Splitter privaten Glücks, und die werfen sofort die Frage auf, »wo ich fortan meine kreativen Energien herholen soll«. Ihr Motor waren ja mörderische Umstände und Isolation, und wenn sie fehlen, steht das Schreiben infrage.

Im letzten Buch seiner Auschwitz-Tetralogie, im Roman »Liquidation«, hat Kertész das auch zum Thema gemacht: das Glück nach Auschwitz – und ohne Auschwitz zu vergessen. In diesem Roman nimmt sich ein Schriftsteller das Leben, weil er mit Auschwitz und seinem Überleben nicht fertig wird. Seine Frau Judit, auch sie eine Auschwitz-Überlebende, hat einen anderen Weg gewählt; nach seinem Tod erinnert sie sich: »Sicherlich hast du recht, sagte ich zu ihm, die Welt ist eine Welt von Mördern, aber ich will die Welt trotzdem nicht als eine Welt von Mördern sehen, ich will die Welt als einen Ort sehen, an dem man leben kann.« Die Frau braucht mehrere Anläufe für das vertrauliche Geständnis: »Ich bin glücklich.«

Das Werk von Imre Kertész redet beidem das Wort: dem Erinnern und dem bewussten Glück – im

Unterschied zu einem dummen Glück, das durch das Vergessen erkauft ist. Wenn es um den Wert eines jeden Menschenlebens geht, braucht es beides: eine Kultur des Erinnerns und eine Fähigkeit zum Glück.

Friedrich Gottlieb Klopstock
Hütten der Freundschaft bauen

I

»Wer wird nicht einen Klopstock loben – doch wird ihn jeder lesen?« Diese Klage Lessings, dass Klopstock nicht gelesen werde, ist paradoxerweise bekannter geworden als alles, was Klopstock je geschrieben hat. Friedrich Gottlieb Klopstock ist der Paradefall des berühmten, aber ungelesenen Dichters geblieben. Wir haben keine Biografie von ihm, bis heute ist man für wichtige Texte auf Ausgaben des 19. Jahrhunderts angewiesen, und seine Briefe sind erst seit kurzem veröffentlicht. 2003 stand sein 200. Geburtstag an und wer weiß, wie viel Zeit vergehen muss, bis wieder einmal von ihm die Rede sein wird.

Nicht immer stand Klopstock so im Abseits. Um 1800 muss er eine Kultfigur gewesen sein, ähnlich wie Nietzsche ein Jahrhundert später. Goethes Werther und seine Lotte erlebten zusammen ein Gewitter, und Lotte rief nur: »Klopstock!« – damit war alles gesagt: Beiden stand dessen berühmtes Gedicht »Frühlingsfeier« vor Augen. Klopstock wurde eben damals viel auswendig gelernt.

Aber heute – wozu heute Klopstock lesen, der uns fern gerückt und ohne Zweifel oft schwer und kaum ohne Kommentar zu lesen ist? Weil seine Themen – Liebe und Freundschaft, Sprache, Natur, Religion –

noch immer die unseren sind. Weil es bisweilen gut tut, aus dem blendenden Licht der Aktualitäten herauszutreten in den Schatten der Vergangenheit, um aus dieser fremden Perspektive genauer zu sehen. Weil das radikale Pathos seiner dynamischen Sprache kein harmonisierender Kitsch ist, sondern von Gegensätzen vibriert. Der linke Lyriker Peter Rühmkorf hat sich 1970, nach seiner Enttäuschung über den Verlauf der Studentenbewegung, noch einmal der Klopstock-Lektüre zugewandt und dabei festgestellt: »von Entrückung konnte (…) nicht die Rede sein. Im Gegenteil: alles, was ich anfasste, erinnerte ans laufende Heute; woran ich auch stieß, es klirrte gefährlich modern.«

II

> Schön ist, Mutter Natur, deiner Erfindung Pracht
> Auf die Fluren verstreut, schöner ein froh Gesicht,
> Das den großen Gedanken
> Deiner Schöpfung noch einmal denkt

So beginnt eines der berühmtesten Gedichte von Friedrich Klopstock, »Der Zürchersee«. Ohne Zweifel: Klopstock hat die reale Natur für das deutsche Gedicht entdeckt. In den Gedichten der Barockdichter, eine Generation vor Klopstock, sah die Natur aus, wie wir sie heute noch von barocken Gärten kennen: eine künstlich zurechtgestutzte, gemachte, nachgeahmte Natur. Klopstock, der begeisterte Eisläufer, der ungestüme Reiter bis ins hohe Alter, hat die reale

Natur gestaltet; auch »Der Zürchersee« verdankt sich einem frohen unbeschwerten Nachmittag auf einem Ausflugsschiff mit einer Gruppe junger Leute.

Klopstock hat Natur erlebt und Naturerlebnisse eingefangen. Bedeutend wird diese Natur erst durch den Menschen, der sie empfindet und deutet – in Klopstocks religiöser Sprache wird er dabei zum Nach- und Mitschöpfer der Natur.

Die Natur wird auch zum Leitmodell des Dichtens und der Kunst. »Lernt: Die Natur schrieb in das Herz sein Gesetz ihm!« sagt Klopstock über den Dichter in einem Gedicht, das gegen die »Ästhetiker« und ihre Gesetze gerichtet ist. »Natur« wurde im 18. Jahrhundert zum Schlagwort gegen verzopftes Regelwerk – in der Kunst wie im Leben.

III

Den Teufel nicht an die Wand
Weil ich nicht an ihn glaube
Gott nicht gelobt
Aber wer bin ich daß

So endet das Gedicht »Nicht gesagt« von Marie Luise Kaschnitz. Lange war ich ratlos vor diesem abgebrochenen Schlusssatz: »Aber wer bin ich daß«. Doch plötzlich kam die Erinnerung an einen Schultag im Gymnasium, an das vormittägliche Licht und die grüne Tafel und an den Satz, den ich damals in mein Deutschheft abschreiben musste: »Wer bin ich daß ich mich auch in die Jubel dränge?« Es war der

Satz eines Gedichtes von Klopstock aus dem Umkreis seines großen Lebenswerks, des »Messias«, und ebenso erfüllt vom Lobpreis Gottes und Christi.

> Der Seraph stammelt, und die Unendlichkeit
> Bebt durch den Umkreis ihrer Gefilde nach
> Dein hohes Lob, o Sohn! wer bin ich
> Daß ich mich auch in die Jubel dränge?

Marie Luise Kaschnitz nimmt das Lob Gottes zurück und macht aus dem Schluss der feierlichen Ode Klopstocks ein mehrdeutiges Fragment: »Wer bin ich daß«. Wer bin ich, dass mich Gott, das uralte Thema, noch immer beschäftigt? – Auch so könnte man den abgebrochenen Klopstock-Satz fortschreiben. Zweifellos, das Lob Gottes ist schwieriger geworden im 20. Jahrhundert, auch für jene Menschen, die sich als Christen verstehen.

Aber auch Klopstock war kein Naiver, dem das Lob leicht und leichtfertig von der Feder ging, weil er die negativen Aspekte der Welt und des Lebens nicht kannte. Sein feierliches Pathos, sein hoher Ton ist eine Kunstsprache, entstanden aus der Begegnung mit antiken Epen und Hymnen. Er will das Leben nicht idyllisieren, sondern mit seinem Sprachkunstwerk einen Gegenentwurf setzen. Dass wir uns daran reiben, zeigt seine Kraft – und seine Notwendigkeit.

IV

Bereits mit 17 Jahren hat Friedrich Gottlieb Klopstock den Plan gefasst, sein großes Epos zu schreiben. Ein Epos wie von Homer sollte es sein, aber mit einem christlichen Stoff. Seine Vollendung sah Klopstock als seinen »ersten Beruf« an. Dreißig Jahre später sollte »Der Messias«, dieses Monumentalwerk mit etwa 20.000 Versen, fertig sein. Die Überarbeitung beschäftigte ihn bis ans Lebensende.

Nacherzählen kann man das gewaltige Werk nicht. Es ist in enger Korrespondenz mit der Bibel – vor allem in Luthers Übersetzung – entstanden. Und da beginnen nicht erst für uns die Probleme. Schon Klopstocks Frau Meta hat an ihre Schwestern geschrieben:

> Wenn ihr überhaupt die Bibel so wenig kennt, wie geht's euch da beym Messias? Es sind so viele kleine Sachen, die man nicht ganz versteht, wenn man nicht ihre Allusion auf die Bibel weiß. Es geht mir selbst manchmal so, daß eine Stelle viel schöner wird, wenn Kl. mir ihre Beziehung erklärt.

Man wird zweifellos nicht alles verstehen, wenn man den »Messias« liest. Aber einen Versuch ist es wert, sich für eine Zeit dem Strom dieser Sprache auszusetzen, die Dichtung und Religion so eng zusammenbindet, wie das vor Klopstock und nach ihm nur selten versucht wurde. Daraus wurde ein Impuls der Erneuerung der deutschen Sprache, ohne den Goethe und viele andere nicht denkbar sind. Noch Rilkes Duineser Elegien sind in Auseinandersetzung mit Klopstocks »Messias« geschrieben.

V

Friedrich Gottlieb Klopstock war nicht das, was man ihm bisweilen angedichtet hat: ein früh vergreister, feierlich-düsterer religiöser Dichter. Seine Gedichte preisen Freude, Freundschaft und Liebe. Er war der Erste, der seine Gedichte an reale Frauen adressierte – etwas radikal Neues, was der junge Goethe oder Gottfried August Bürger ihm nachgemacht haben.

Ein großer Liebender muss Klopstock auch im Leben gewesen sein. Da ist zuerst die unglückliche Liebe zu seiner Cousine, der Fanny seiner frühen Oden. 1754 heiratete er die Kaufmannstochter Meta Moller – sie hatte sich nach der Lektüre einiger Gesänge seines großen Epos in ihn verliebt und die Heirat mit dem mittellosen Dichter gegen große Widerstände ihrer Familie durchgesetzt; sie, in den Oden als »Cidli« angesprochen, wurde zu seiner Dichtungs- und Lebenspartnerin. Den Zeitgenossen galt das sinnliche und spirituelle Glück dieser Ehe als Vorwegnahme der ewigen Liebe. Umso größer war der Schock, als Meta bei der Geburt des ersten Kindes, das tot zur Welt kam, starb. Erst sehr spät, im XV. Gesang des »Messias«, hat Klopstock Worte für diesen Schmerz gefunden.

Liebe und Freundschaft waren Klopstock heilig. »In dem Arme des Freundes wissen ein Freund zu sein«, das reicht in der Ode »Der Zürchersee« geradezu an die Ewigkeit heran. Und das feierliche Gedicht endet mit der Aufforderung »Hütten der Freundschaft« zu bauen und darin ewig zu wohnen. Klopstock hat seinen feierlichen, oft geradezu sakralen Ton nicht für den »Messias« und für traditionell religiöse Themen reserviert. Er preist damit auch die wesentlichen Beziehungen des Lebens. Und lässt ihnen ihr Geheimnis. »Unerforschter, als sonst etwas den Forscher täuscht, / Ist ein Herz, das die Lieb' empfand« – so beginnt das Gedicht »An Cidli«.

Für die Liebe konnte Klopstock auch Verse finden, die man beim ersten Lesen ohne Mühe versteht: In dem Gedicht »Das Rosenband« etwa, das durch die Vertonungen von Franz Schubert und Richard Strauss bekannt geworden ist. In den Blicken zweier Liebender, deren Leben aneinander hängen, lässt es Elysium entstehen, den Himmel der griechischen Mythologie.

VI

(…) die Unsterblichkeit
Ist ein großer Gedanke,
Ist des Schweisses der Edlen werth!

Auch das ist einer der berühmten Sätze aus Klopstocks Ode »Der Zürchersee«. Klopstock, der gläubige Protestant, glaubte an die Unsterblichkeit des Menschen, aber dieser Glaube war ihm nicht genug. Zutiefst in der Aufklärung verwurzelt, war die Vorstellung der Unsterblichkeit zugleich eine Provokation seines Denkens.

Mit großer rhetorischer Ausdruckskraft hat Klopstock das biblische Bild der Auferstehung gestaltet. Gustav Mahler hat in einem Brief die große Wirkung beschrieben, die ein geistliches Lied von Klopstock bei der Trauerfeier für den Dirigenten Hans von Bülow für ihn gehabt hat:

> Die Stimmung, in der ich dasaß und des Heimgegangenen gedachte, war so recht im Geiste des Werkes, das ich damals mit mir herumtrug. – Da intonierte der Chor von der Orgel den Klopstock-Choral »Auferstehn« – Wie ein Blitz traf mich dies und alles stand ganz klar und deutlich vor meiner Seele! Auf diesen Blitz wartet der Schaffende, dies ist »die heilige Empfängnis«!

Dieses Erlebnis wurde zum Zündfunken für Mahlers Zweite Symphonie. Die beiden Anfangsstrophen von Klopstocks Lied bilden in leicht abgewandelter Form zusammen mit Versen, die Mahler selbst hinzugedichtet hat, das Zentrum und den Höhepunkt der Auferstehungssymphonie:

> Aufersteh'n, ja aufersteh'n wirst du,
> mein Staub, nach kurzer Ruh!
> Unsterblich Leben
> wird der dich rief dir geben!

Es gab Zeiten, da man den 5. Gesang von Klopstocks »Messias« am Gründonnerstag und den 10. Gesang am Karfreitag las. Heute steht uns der Dichter vielleicht näher, wenn wir ihn mit Gustav Mahler lesen und hören.

Nikolaus Lenau
Nur im Kelch der feinsten Moose

I

Wenn man für den Dichter Nikolaus Lenau ein Symbol suchen müsste, wäre es wohl die Postkutsche. Nicht nur weil er das populäre Gedicht über den Postillion geschrieben hat, sondern weil er zeit seines Lebens rastlos auf Reisen war. Geboren in der Nähe von Temesvár, in dem damals ungarischen, heute rumänischen Ort Lenauheim, aufgewachsen in Budapest und Tokai, studierte er in Wien, Pressburg und Ungarisch-Altenburg, dem heutigen Kleinstädtchen Mosomagyarovár hinter der österreichischen Grenze. Stuttgart und Heidelberg waren Zentren seines Lebens, und dazwischen immer wieder Wien. Und nicht zu vergessen sein Amerika-Aufenthalt.

Unterwegs und nie zu Hause war Nikolaus Lenau auch in geistiger Hinsicht. Schon in einem der frühen Gedichte heißt es:

Heute bin ich zum Exempel
Ganz ein Metaphysikus;
Morgen schallt in Themis' Tempel
Mein unsteter Menschenfuß.

Heute steh ich nachts am Giebel,
Suche Jungfrau, Stier und Bär;
Morgen les ich in der Bibel,
Übermorgen im Homer.

Lenau wollte nicht nur durch *ein* Fenster auf die Welt schauen. Er ist einer der ersten Schriftsteller, der nicht mehr unter dem Dach *einer* Perspektive, *einer* Überzeugung oder *eines* Glaubens lebt. Sein zerrissenes Leben zeigt deutlich den Preis, den er für diese Heimatlosigkeit – im wörtlichen wie im übertragenen Sinn – bezahlt hat. Aber gerade darin ist er ein Mensch der Gegenwart und auch zwei Jahrhunderte nach seiner Geburt noch interessant.

II

Nikolaus Lenau war einer der bestverdienenden Dichter seiner Zeit und vielleicht der erste, der vom Schreiben leben konnte. Aber sonst ist ihm im Leben kaum etwas gelungen: kein Studium zu Ende geführt, keine Anstellung gefunden, nie im Leben einen eigenen Haushalt geführt, nie die Beziehung zu einer Frau gefunden, mit der er auch leben hätte können. Sein Leben endete in geistiger Umnachtung, und er ist nicht einmal fünfzig Jahre alt geworden.

Lenau, unbegabt für das Leben und erst recht für eine beruhigte Bürgerlichkeit, hatte einen genauen Blick für Außenseiter. Mag sein, dass er in seinem Gedicht von den drei Zigeunern dieses Außenseitertum romantisiert und idealisiert, aber er steht auf der Seite des einfachen Glücks der Zigeuner und ihres stolzen Trotzes gegen das Leben. Lenaus Gedicht über das Begräbnis einer alten Bettlerin, die einmal die Schönste beim Erntetanz war, zeigt nüchtern, dass menschliche Beziehungen oft funktionieren wie ein Warenhandel. In einem anderen Gedicht ist der Räuber im ungarischen Bakony-Gebirge ein ganz gewöhnlicher Schweinehirt, der weder verurteilt noch gerechtfertigt wird, nur die harte Realität seines Lebens kommt in den Blick.

Lenau selbst hatte es nicht leicht mit der Welt und mit sich selbst. In seiner Biografie lassen sich viele Gründe dafür finden. Wichtiger aber ist, was Lenau daraus gemacht hat: das Verstehen auch von Lebensformen, die nicht die seinen waren. In einem Gespräch sagte er einmal: »Jeder Mensch ist doch ein armes, unglückliches Geschöpf – man sollte keinen hassen.«

III

Was an der Biografie von Nikolaus Lenau besonders ins Auge sticht, ist seine Reise nach Amerika. Schon als Kind ist er ausgerissen und wollte sich dorthin auf den Weg machen, aber bereits in Salzburg wurde er aufgegriffen. Als Erwachsener hat er sich den Wunschtraum erfüllt und in Amerika sogar ein Stück Land gekauft.

Es war nicht nur Reiseromantik, die ihn dazu bewogen hat, wie man an seinem »Lied eines Auswandernden« sieht:

Sei mir zum letzten Mal gegrüßt,
Mein Vaterland, das, feige dumm,

> Die Ferse dem Despoten küßt
> Und seinem Wink gehorchet stumm.

In dieser ersten Strophe spiegeln sich Lenaus Erfahrungen mit dem Metternich-System in Österreich und mit der Zensur; er selbst wurde mehrmals verhört. Er wollte eine andere Welt, wie die letzte Strophe des Amerika-Gedichtes zeigt:

> Du neue Welt, du freie Welt,
> An deren blütenreichem Strand
> Die Flut der Tyrannei zerschellt,
> Ich grüße Dich, mein Vaterland!

Trotzdem: Amerika wurde für Lenau ein Desaster. Er war nun einmal nicht begabt für das alltägliche Leben, und erst recht nicht für das eines Neuansiedlers. Ein halbes Jahr dauerte das Abenteuer, Lenau hat sich damit seine Gesundheit ruiniert und obendrein nicht wenig Geld verloren.

Aber Freiheit und Selbstbestimmung waren für ihn immer zentral. Er war 1830 auf Seiten der Polen bei ihrem Aufstand gegen das zaristische Russland und sympathisierte mit den Freiheitsbestrebungen Ungarns. Ohne Meinungsfreiheit gab es für ihn keine Kunst – und kein Leben.

IV

Als Dichter der Melancholie ist Nikolaus Lenau vor allem bekannt geworden. In Gedichten und Briefen umkreist er dieses Wort auffällig oft. Plötzliche

Stimmungsschwankungen und Depressionen machten ihm schon sehr bald zu schaffen. In einem Brief an den schwäbischen Dichterfreund Justinus Kerner hat Lenau einen Hilferuf ausgesprochen, der sehr genau die beginnende Erkrankung beschreibt:

> O Kerner! Kerner! ich bin kein Ascet; aber ich möchte gerne im Grabe liegen. Helfen Sie mir von dieser Schwermuth, die sich nicht wegscherzen, nicht wegpredigen, nicht wegfluchen lässt! Mir wird oft schwer, als ob ich einen Toten in mir herumtrüge. Helfen Sie mir, mein Freund! Die Seele hat auch ihre Sehnen, die, einmal zerschnitten, nie wieder ganz werden. Mit ist, als wäre etwas in mir gerissen, zerschnitten. Hilf, Kerner.

Kerner hat versucht, »ihn durch teilnehmenden Zuspruch für das Leben wieder durchzuwärmen«, wie er schrieb. Den Ausbruch der Krankheit konnte er nicht verhindern. Nach schweren Tobsuchtsanfällen verbrachte Lenau die letzten Jahre seines Lebens in der Irrenanstalt in Wien-Oberdöbling.

Gründe und Erklärungen gibt es viele, von Lenaus extrem starker Mutterbindung bis zur Liebe zu einer verheirateten Frau, von der er sich nicht lösen konnte. Jedenfalls hat Lenau die Beschädigungen und den Schmerz seines Lebens zu Kunst verwandelt. Sein Vorbild auf diesem Weg war Beethoven. »So hat niemand den Schmerz verstanden wie Beethoven«, sagte Lenau einmal. Er selbst spielte leidenschaftlich Gitarre und Geige. Zu einem Studienkollegen sagte er: »Die Guitarre ist zu viel Holz, sie gibt mir nicht das, was ich will, in der Geige aber ist Menschenlaut.«

Nikolaus Lenau taugt gewiss nicht zur Vorbildfigur. Aber wenn man etwas von ihm lernen kann, ist es das: durch den eigenen Schmerz das Leiden anderer zu verstehen.

V

Wir wallten durch des Glaubens Paradiese,
Wo jedes Lüftchen uns von Gott erzählt

– schreibt Nikolaus Lenau in einem seiner Gedichte. Es ist weniger die Ironie, die aus diesen Zeilen spricht, als die Erinnerung an eine gläubige Geborgenheit, die Lenau in seiner Kindheit verspürt hat, die aber schon weit zurückliegt, als er darüber schreibt. Sein Biograf Michael Ritter berichtet, dass Lenau als Kind zu Hause Messe gespielt und den Wunsch gehabt hatte, Priester zu werden.

Religiöse Themen spielen in seinem Werk immer wieder einen Rolle, vor allem in dem kirchenkritischen Versepos »Die Albigenser«, das die schrecken mittelalterlicher Ketzerverfolgungen anklagt. Lenau spricht aus einer skeptischen, aber nicht aus einer gleichgültigen Position. Manchmal rechnet er mit frommen Selbstverständlichkeiten aber auch hart ab:

Die Menschheit ist dahintergekommen,
Trotz aller Gaukelei der Frommen,
Daß mit dem Leben vor dem Grabe
Man endlich Ernst zu machen habe

So beginnt das Gedicht »Veränderte Welt«. Was das Leben nach dem Grabe betrifft, war Lenau skeptisch. Im Gedicht »Die Zweifler« diskutieren zwei Freunde darüber. Mit dem Ergebnis: Ein Leben ohne Mühen und Leiden ist unvorstellbar – ob auf Erden oder im Jenseits.

Lenau war einer, der die christliche Tradition ernst nahm, aber seine eigene Auffassung hatte. Seine zweifelnden Fragen kommen oft zu keinem Ergebnis, aber sie sind immer interessant.

VI

Der österreichisch-ungarische Dichter Nikolaus Lenau muss auf andere gewirkt haben wie die Verkörperung des Dichterischen selbst. So jedenfalls hat ihn ein Zeitgenosse geschildert: »Er ist noch eine von den schönen Dichtergestalten, die selbst wie ein Gedicht durch das Leben gehen, in den braunen Augen zwei unergründliche Brunnen von Geist, Tiefsinn und Schwermut – welch ein herrliches Gesicht.«

Immer wieder sind es vor allem die Naturbilder, die bei Lenau faszinieren, etwa in den Schilfliedern, einem Nachklang seiner Streifzüge durch die Donauauen, während er als Jugendlicher bei den Großeltern in Stockerau lebte. Lenau poetisiert die verborgenen Vorgänge der Natur:

> Und im Kelch der feinsten Moose
> Tönt das ewige Gedicht

Aber er kennt auch die schaurige Fremdheit der Natur:

> Der Wind ist fremd, du kannst ihn nicht umfassen,
> Der Stein ist tot, du wirst beim kalten derben
> Umsonst um eine Trostsekunde werben

Die vielfältigen Naturbilder, vor allem aber die Leichtigkeit der Reime und des Klanges machen Lenaus Poesie so suggestiv. Und die genaue Wortwahl. Wenn man es sonst nicht wüsste – an den Gedichten von Lenau kann man es wieder lernen: wie viel ein Wort bedeutet und wie sehr es darauf ankommt.

Hinter dieser Poesie steht eine Lebenshaltung, die Günter Kunert an Lenau fasziniert: »Mit Konsequenz verweigert sich das lyrische Ich einer Welt, die von Dunkelmännern, seelenlosen Kleinbürgern und machtbesessenen Amtsträgern geprägt und damit unerträglich gemacht wird.«

Thomas Mann
Lob der Vergänglichkeit

I

»Sie werden überrascht sein, mich auf Ihre Frage, woran ich glaube, oder was ich am höchsten stelle, antworten zu hören: Es ist die *Vergänglichkeit*.« So hat Thomas Mann sein »Lob der Vergänglichkeit« begonnen. Vergänglichkeit war für ihn nichts Trauriges, sondern, wie er schrieb: »das, was allem Leben Wert, Würde und Interesse verleiht (…) Wo nicht Vergänglichkeit ist, nicht Anfang und Ende, Geburt und Tod, da ist keine Zeit, – und Zeitlosigkeit ist das stehende Nichts (…) das absolut Uninteressante«.

Dass der Schriftsteller sein Leben lang von Musik fasziniert war – in seiner Jugend hat er Violinsonaten von Edward Grieg und Richard Strauss gespielt – mag seinen Blick für die Vergänglichkeit früh geschärft haben: Ein Musikstück ist anders als ein Roman nicht immer vorhanden, sondern geht definitiv seinem Ende zu.

Thomas Mann dachte nicht nur an das Ende eines jeden menschlichen Lebens, sondern auch an die Vergänglichkeit des Lebens auf der Erde. »Die Bewohnbarkeit eines Himmelskörpers ist eine *Episode* in seinem kosmischen Sein«, schrieb er. Thomas Mann war hin und her gerissen zwischen den Erkenntnissen der Astronomie, dass die Erde ein kleiner und unbedeutender Stern im »Riesengetümmel des

Kosmos« ist, und seinem Glauben an den Menschen: »In tiefster Seele hege ich die Vermutung, dass es bei jenem ›Es werde‹, das aus dem Nichts den Kosmos hervorrief, und bei der Zeugung des Lebens aus dem anorganischen Sein auf den Menschen abgesehen war.« Thomas Mann wollte keine religiöse Doktrin verkünden, es ging ihm um die Verantwortung des Menschen für die Welt, wenn er fortfuhr, dass mit dem Menschen »ein großer Versuch angestellt ist, dessen Misslingen durch Menschenschuld dem Misslingen der Schöpfung selbst, ihrer Widerlegung gleichkäme«.

Im Gegensatz zu religiösen Ideologen, die Sicherheiten verkünden, wo es keine gibt, relativiert Thomas Mann seine Überzeugung noch einmal mit dem allerletzten Satz: »Möge es so sein oder nicht so sein – es wäre gut, wenn der Mensch sich benähme, als wäre es so.«

II

Seine Geburt war unordentlich, darum liebte er leidenschaftlich Ordnung, das Unverbrüchliche, Gebot und Verbot.
(...)
Er war sinnenheiß, darum verlangte es ihn nach dem Geistigen, Reinen und Heiligen, dem Unsichtbaren, denn dieses schien ihm geistig, heilig und rein.

Diese hochironischen Sätze in Thomas Manns Erzählung »Das Gesetz« beschreiben niemand anderen als den biblischen Mose, den Überbringer der Zehn Gebote. Eigentlich hätte Thomas Mann ja einen Aufsatz schreiben sollen – 1943, mitten im Zweiten Weltkrieg, als Einleitung zu einem Buch, in dem namhafte Schriftsteller gegen die Barbarei in Nazideutschland die Zehn Gebote hochhielten. In der etwa 50-seitigen Erzählung bietet der Autor eine Fülle biblischer Details und völlig freie Phantasie sowie unzählige Anspielungen an Nietzsche, Freud und andere Autoren. Im abrupten Wechsel zwischen biblischer Szenerie und modernem Vokabular entstehen viele detailreiche Satiren.

Mose ist in diesem Text ein geistlicher Führer, getrieben von »Gotteslust« und immer darauf aus, das Volk zu bilden. Sein rigoroser Wahrheitsfanatismus wird instrumentalisiert von den Schläger- und Killertrupps Joschuas. Doch die Gebote, die Mose auf den Gesetzestafeln verkündet, sind trotzdem »der Fels des Anstandes« und »Das A und O des Menschenbenehmens«, wie es am Ende der Erzählung heißt. Und hinter dem Volk, das um das goldene Kalb tanzt, hinter seinem Rückfall in die Barbarei, hinter Orgie und Exzess, sind die faschistischen Massen deutlich erkennbar.

Thomas Mann ist hier etwas Großartiges gelungen: die ethischen Grundlagen von Judentum und Christentum in der Situation ihrer äußersten Bedrohung zu verteidigen und gleichzeitig nicht blind zu sein für die Schattenseiten der eigenen Tradition und Überzeugung.

Das hat auch heute etwas Faszinierendes. Denn wer sich gegen die attraktive Beliebigkeit von allem und jedem auf religiöse Überzeugungen beruft, kommt schnell in die Gefahr, entweder altbacken-naiv oder rigoros und fanatisch zu werden. Man muss nicht in allem ein Fan von Thomas Mann sein, aber das kann man sicher von ihm lernen: eine klare weltanschauliche Position zu vertreten und trotzdem die ironische Distanz zu ihr nicht zu verlieren.

Eduard Mörike
Die Kraft der Untüchtigkeit

I

An manche Schriftsteller erinnert man sich hauptsächlich an ihren Geburts- oder Todestagen. Zum 200. Geburtstag von Eduard Mörike erschienen neue Ausgaben und gleich drei Biografien, und damit hatte man dann seine Pflicht für die nächsten 20 Jahre auch wieder getan. So ist zumindest aus den bisherigen Erfahrungen unserer Gedenktag-Kultur zu befürchten.

Manchmal ist der Zwang zur Erinnerung auch gut. Bisweilen braucht es ja wirklich einen Geburtstag, da muss man sich auch mit einem Dichter auseinandersetzen, der einem immer unsympathisch und verdächtig war. So geht es mir mit Eduard Mörike.

Unzählige Male habe ich eines seiner bekanntesten Gedichte gehört: »Gebet«. Nicht nur, weil es Hugo Wolf und Othmar Schoeck vertont haben, sondern weil es der Pfarrer, wo ich einmal Organist war, so gerne in seine Predigten eingeflochten hat; und das hat dem Gedicht nicht gut getan. Die erste Strophe gibt sich ganz traditionell fromm und gottergeben:

> Herr! Schicke, was du willt,
> Ein Liebes oder Leides;
> Ich bin vergnügt, daß beides
> Aus Deinen Händen quillt.

Die zweite Strophe schränkt das gleich wieder ein und sagt dem lieben Gott ziemlich genau, was er schicken soll:

> Wollest mit Freuden
> Und wollest mit Leiden
> Mich nicht überschütten!
> Doch in der Mitten
> Liegt holdes Bescheiden.

Immer schön in der Mitte bleiben, nur keine Extreme, ein wohltemperiertes Leben. Und keine Leidenschaften! Unser Pfarrer hat das als Lebensprogramm verstanden, darum hat er es immer bei Hochzeiten zitiert. Das hat mir Schauder über den Rücken gejagt, sodass ich um Mörike lange einen großen Bogen gemacht habe.

Schaut man sich Mörikes eigenes Leben an, so wird ein Mann sichtbar, der sich an die Mitte wie an einen Strohhalm klammert, um nicht ganz aus der Bahn geworfen zu werden. Aus der Bahn als protestantischer Geistlicher, die seine Existenzgrundlage war. Um nicht wahnsinnig zu werden wie Hölderlin, den er gut gekannt hat. Um nicht an Lebenstragödien und Liebesunglück zu zerbrechen. Nein, es tut sich keine Biedermeier-Idylle auf, wenn man in das Haus des Herrn Pfarrers Mörike in dem schwäbischen Nest Cleversulzbach schaut, sondern ein verstörter Rückzug in die Poesie. In seinem Leben und in seinem Werk tun sich Abgründe auf, die einen noch immer in ihren Bann ziehen können.

II

Der Dichter Eduard Mörike ist ein Zeitgenosse der Schriftstellergruppe der Jungdeutschen, die nach dem Wiener Kongress zeitweise von der Zensur verboten waren. Einer von ihnen, Karl Gutzkow, sah Mörike als einen »Menschen in Schlafrock und Pantoffeln«.

Und Mörike war ein Zeitgenosse Heinrich Heines, der über ihn spottete: »Man sagt mir, er besinge nicht bloß Maikäfer, sondern sogar Lerchen und Wachteln, was gewiss sehr löblich ist. Lerchen und Wachteln sind wahrhaftig wert, daß man sie besinge, nämlich wenn sie gebraten sind.«

Auch die Forschung hat Eduard Mörike gelegentlich als zipfelmützigen Idylliker, als Pantoffelheld der Innenwelt gezeichnet. Einen Vorteil hatte die Sache ja: Er ist nie politisch vereinnahmt worden, nicht einmal von den Nazis. Keine patriotische Begeisterung, keine reaktionäre Rhetorik, aber auch keine Revolution konnte Mörike auf ihre Fahnen schreiben und für sich vereinnahmen.

Mörike war freilich ein genauer und subtiler politischer Beobachter; selbst in den Briefen an seine Braut Luise Rau findet sich eine Auseinandersetzung mit Person und Politik Napoleons. Und immer wieder hat er subtile politische Botschaften in seine Texte eingeschmuggelt. »Sehet ihr am Fensterlein / Dort die rote Mütze wieder?« – so beginnt seine bekannteste Ballade, »Der Feuerreiter«. Die Mütze war damals so etwas wie ein Erkennungszeichen: Die Studenten trugen eine Kappe als Opposition gegen den Hut des biedermeierlichen Bürgertums. Mörike hat nie einen Hut getragen. Die rote Mütze kann man als Jakobinermütze deuten; dazu passt auch, dass das Feuer ein gängiges Bild für Revolution ist. Wie auch der Frühling – Mörike hat ein sehr enthusiastisches Frühlings-Gedicht geschrieben. Seine Sympathien für die Französische Revolution sind manifest und gehen aus Dokumenten seiner Tübinger Studentenzeit hervor. Auch auf die Revolution von 1848 setzte er große Hoffnungen.

Eduard Mörike war ein vorsichtiger Mann; er hat keine politischen Manifeste verfasst und keine öffentlichen Äußerungen zur Politik gemacht. Dahinter stand nicht nur, wie man in Wien sagen würde, ein Hinsichtl und ein Rücksichtl – Mörike, der nach dem frühen Tod des Vaters zeitweise zwei Brüder und eine Schwester mitversorgen musste, war wirklich zur Vorsicht genötigt. Aber er wusste auch, wie schnell das Feuer der Revolution verglühen kann. Und danach ist auch der Feuerreiter ein verbranntes Skelett.

Doch naiv war Mörike nicht. Er wusste, dass der Mensch nicht nur von Liebe, Natur und Familienglück lebt, sondern auch politische Freiheit und Gerechtigkeit braucht.

III

»Die Geburt war gut und erfolgte Mittags ½ 12 Uhr«
– so schrieb am 8. September 1804 der Arzt Karl
Friedrich Mörike in seinen Schreibkalender. Geboren
wurde Eduard Mörike in der schwäbischen Stadt
Ludwigsburg, die damals gerade 6.000 Einwohner
hatte. Dort besuchte er die Lateinschule. Er war erst
13, als sein Vater an den Folgen eines Schlaganfalles
starb. Die Mutter konnte die Kinder nicht allein versorgen, die Familie wurde auseinandergerissen. Früh
wurde er zum evangelischen Geistlichen bestimmt –
diese Ausbildung verursachte nahezu keine Kosten.
Mit 14 kam er in die Klosterschule Urach, wo er
bald an Scharlach erkrankte. Sein Lebensfreund
Wilhelm Hartlaub beschrieb, wie die Mitschüler zu
ihm strömten, sobald er besucht werden durfte:

> Mit hundert Scherzen erfreute und unterhielt er den
> Haufen um sich her, (…) den heitersten Sonnenschein
> verbreitete sein Wesen, in dem es jedem sogleich wohl
> wurde. Der Haufen verlief sich dann wieder, wie er
> gekommen; ich aber muss etwas geahnt haben von
> dem, was Ludwig Bauer von Mörike sagt: dass er die
> verkörperte Poesie war, unter Poesie alles verstanden,
> was gut, schön, lieb und liebenswert ist. Von diesem
> Tag schloss ich ihn für immer ins Herz.

Von 1822 bis 1826 war Eduard Mörike Zögling des
berühmten Tübinger Stiftes. Danach folgte unvermeidlich die Laufbahn als Vikar und Pfarrverweser.
Oberboihingen, Möhringen, Köngen, Plattenhardt,

Owen, Eltingen, Ochsenwang, Weilheim und Öttlingen – das ist die Liste der Orte, wo er tätig war und die außerhalb des Schwabenlandes niemand kennt. Dann wurde er Pfarrer in Cleversulzbach, das auch nur durch Mörike bekannt geworden ist. Dazwischen liegt die Liebe zu Luise Rau und die Verlobung, die wieder gelöst wurde. Mit 39 Jahren ging er aus gesundheitlichen Gründen in Frühpension. »Nehme Pulver«, schreibt er gelegentlich lapidar. Die letzten 30 Jahre seines Lebens war er immer wieder auf Morphium angewiesen.

Doch noch einmal verliebt er sich, heiratet die Katholikin Margarethe Speeth, und zwei Töchter, Fanny und Marie, werden geboren. Mörike wird Literaturlehrer am Stuttgarter Katharinenstift, gesellschaftliche Anerkennung stellt sich ein. Doch in der Familie Mörike lebt auch die jüngere Schwester Klara mit, und das Zusammenleben geht nicht gut, es kommt zur Trennung von Margarethe. Erst am Totenbett versöhnen sie sich wieder.

Am Pfarramt und als freier Schriftsteller, in der Liebe und am Leben überhaupt – Mörike ist an allem gescheitert außer an der Poesie. Gerade das befähigte ihn zu dem, was sein Freund Friedrich Theodor Vischer in der Grabrede als wesentlichen Zug Mörikes hervorhob: ein »herzliches Sichversetzen in jeden fremden Zustand, in alles und jedes, was Menschen sind und leben und leiden, und auch in die arme, dunkle Seele der sprachlosen Kreatur«.

IV

Die meisten Gedichte von Eduard Mörike sind Liebesgedichte. Doch im Leben endeten alle seine Lieben unglücklich. Mit 19 Jahren begegnete er dem Schankmädchen Maria Mayer. Sie war schön und gebildet, ungewöhnlich in jeder Weise und verschleierte ihre Herkunft; Maria war die leidenschaftlichste Liebe in Mörikes Leben. Doch auf einmal verschwand sie ebenso mysteriös wie sie gekommen war, und dann wollte er sie – unter dem fürsorglichen Einfluss von Mutter und älterer Schwester – nicht mehr treffen.

Der Tod eines Bruders, der als »Nervenschlag« beschrieben wird, aber vermutlich ein Selbstmord war, und die Liebe zu Maria Mayer – diese beiden Einbrüche in sein Leben führten zu einem gesundheitlichen Zusammenbruch. Kränklichkeit, oftmalige Schmerzen, Hypochondrie – all das nahm seinen Anfang.

Noch zehn Jahre später schrieb Mörike an seinen Freund Hartlaub, er könne den »Don Giovanni« noch immer nicht hören, weil ihn die Oper mit einem »Überschwall von altem Dufte, Schmerz u. Schönheit« überschütte und ihn zu sehr an seine »NOLI-METANGERE-Vergangenheit« erinnere, an die er nicht rühren wollte. Mozart war übrigens Mörikes Lieblingskomponist, wovon auch die Erzählung »Mozart auf der Reise nach Prag« zeugt.

Als junger Vikar lernte Mörike Luise Rau kennen und lieben; ihr hat er die schönsten Briefe geschrieben.

»Seit ich in Nürtingen gewesen, ohne Dich sehen zu können, war ich wie in zwei Teile gespalten: ich fehlte mir überall«, heißt es da einmal; oder: »daß Du mich gern hast, daß ich Dich gern habe – das ist das Paternoster, das ich alle Stunden bete.«

Gegen Ende 1833 wurde das Verlöbnis der beiden gelöst – in einem Brief an einen Freund nennt er das »eine für mein ganzes Leben wichtige Katastrophe (...), deren schmerzhafte Entwicklung alles Übrige bei mir verschlang.« Die Beziehung mit seiner Frau Margarethe, die er in späten Jahren fand, zerbrach ebenfalls. Vielleicht hatte er gerade darum ein gutes Auge für das Scheitern einer biederen Familienidylle. Über einen Kollegen schrieb Mörike: »Es ist einer von den immer zufriedenen jungen Hausvätern, welche gewöhnlich um diese Zeit ausgemachte Egoisten sind, mit äußerst zuvorkommender Miene, aber im Grunde nur brauchbar für Frau und Kinder.«

V

Von Kindheit an war der Dichter Eduard Mörike zum protestantischen Geistlichen bestimmt, doch war ihm dieser Beruf immer unangenehm und lästig. Er war sprachmächtig und ein guter Erzähler und Vortragender, aber das Predigen war ihm verhasst. »Ich bin der redlichste Kerl, dem nicht drum zu thun ist, reich zu werden, sondern nur irgendwo unterzukommen, wo nicht gepredigt wird«, schrieb er 1827 an seinen Freund Johannes Mährlen; und noch

16 Jahre später steht in einem Brief: »Ich kann das Predigen nicht vertragen.«

Predigt und Poesie waren für Mörike unvereinbar. Den Grund dafür hat er auch in einem Brief beschrieben: »Als Geistlicher, als Vikar besonders, ich meine als junger Prediger, steht unsereiner unter ganz besonders lähmenden Gesangbucheinflüssen.« Religiöse Schablonen, vorgeprägte Formeln verderben die eigene Sprache – Eduard Mörike, der Dichter im Pfarrersrock, hat das sehr genau gespürt.

Aber seine Irritation lag noch tiefer. In einem Brief über das letzte Gespräch mit seiner todkranken und sehr frommen – um nicht zu sagen bigotten – Schwester Luise schrieb er: »Einmal fragte sie mich: Hast Du auch einen Glauben an den Heiland E.? worauf ich leider nicht frischweg antworden konnte.«

Nach Luises Tod sprach er dann von seiner »Vikariatsknechtschaft« und schrieb an Johannes Mährlen: »Alles, nur kein Geistlicher.« Kurz hängte er den Talar an den Nagel und versuchte sich als freier Schriftsteller. Aber die Verpflichtung, regelmäßig für ein Damenblatt zu schreiben, war ihm bald ein noch schlimmerer Zwang. So kehrte er wieder zurück ins Vikariat und schrieb an Mährlen: »(...) dass ich alle jene Pläne, die mein ganzes Herz erfüllen, auf keinem Fleck der Welt sicherer und lustiger verfolgen kann als in der Dachstube eines wirtembergischen Pfarrhauses.« Aber eben in der Dachstube, seinem Lieblingsort von Kindheit an – nicht in den Amtsräumen und nicht in der Kirche.

Einmal vertraut er dem Freund an: »Ich sage Dir, der allein begeht die Sünde wider den Heiligen Geist, der mit einem Herzen wie ich der Kirche dient.« Das heißt nicht, Mörike wäre ein opportunistischer Atheist im Pastorenrock gewesen. Seiner Braut Luise Rau beschreibt er eine stille Stunde des Glücks mit den Worten:

> Das Evangelium hielt mir seinen ganzen Frieden entgegen und lockte mich tief und tiefer in jene stille Abgeschiedenheit des Geistes, wo der Engel unserer Kinderjahre uns wieder begegnet und mit uns weint. Aber was ich hier empfand, das gehörte nur mir, gehörte nur Dir – ich konnte die Brücke zur Predigt nicht finden, und was dort lauteres Gold gewesen war, das wurde stumpfes Blei, wenn ich die Feder ansetzte.

Eduard Mörike hatte ein genaues Gefühl für die Intimität des Religiösen und die falschen Töne öffentlicher Bekenntnisse. Und er hasste den Bekenntniszwang, unter dem auch die schönsten Sätze falsch werden.

VI

»Das Unglück macht den Menschen einsam und hypochondrisch; er zieht den Zaun dann gern so knapp wie möglich um sein Häuschen.« Dieser Satz steht in Eduard Mörikes Roman »Maler Nolten«. Rückzug, sich verstecken und einsame Tagträume – in einem Waldhäuschen, in einer dunklen Dachstube – das zieht sich als Konstante durch Mörikes Leben. Seiner Braut Luise Rau schreibt er einmal von der

»dunkelseligen Selbstvergessenheit, wo die äußern Sinne sich zu schließen scheinen«.

Was ihm verhasst war, steht in seinem Sonett »Am Walde«; dort spricht er von der »schlimmsten Plage, / Den Fratzen der Gesellschaft mich zu fügen.« In einem der Briefe aus seinem Pfarrhaus in Cleversulzbach schrieb er: »Ich lag den halben Vormittag mit unsteten Gedanken lesend und brütend auf dem Bett, schlenderte durch den Garten und sah die Hummeln in den Sonnenblumen wühlen.«

Einer seiner Amtsbrüder, Pfarrer Hartmann, nannte Mörike unverblümt ein »faul's Luder«. Wenn man seine Krankenstände und Kuren zusammenzählt und bedenkt, dass er nicht imstande war, die kleine Pfarre ohne einen Gehilfen zu führen, verwundert das Urteil des tüchtigen Kollegen kaum. Mörike selbst empfand den Vorwurf als gerechtfertigt, vielleicht sogar als Auszeichnung. Er bezeichnete seine Abneigung gegenüber geregelter Arbeit als »vis inertiae«, als »Kraft der Untüchtigkeit«. In einer Zeit der beginnenden Industrialisierung und der aufkommenden Arbeitsgesellschaft greift Mörike auf ein Wort der Antike zurück – jener Antike, die für »Arbeit« kein eigenes Wort hatte, sondern sie schlicht als »negotium«, als »Nicht-Freizeit« bezeichnete.

Gemütlich war diese Untüchtigkeit für Mörike nur selten: Angst, Beklemmung, Melancholie ziehen sich durch sein Leben. Und er war nicht nur ein Hypochonder, der sich, wenn er nicht weiter wusste, in die Krankheit flüchtete. Seine Leiden hatten auch handfeste körperliche Ursachen.

Was mir Mörike so sympathisch macht und worum ich ihn beneide: Er schaffte es, mit 39 Jahren in Pension zu gehen, um ganz dem Lesen und Schreiben zu leben. Dieses Faktum sei nicht als Beitrag zur immer wieder aufflammenden österreichischen Pensionsdebatte angeführt, sondern um die Wurzel freizulegen, der sich Mörikes Poesie verdankt: der Kraft der Untüchtigkeit.

Karl Philipp Moritz
Der Stolz eines jeden auf sein eigenes individuelles Dasein

I

Man sieht es auch einem Minister noch an, ob er als Kind andere in den Schnee gestoßen hat oder zu denen gehörte, die selbst in den Schnee gestoßen wurden. Diese Feststellung in einer Zeitung vor etlichen Jahren hat mich erbost. Als Kind, das oft in den Schnee gestoßen worden ist, wollte ich nicht, dass das wahr ist. Aber es bleibt etwas zurück, wenn man sich in der Kindheit oft geschämt hat: weil man nicht stark und schnell genug war, weil man immer nur abgewetzte Hosen hatte, weil man aus einer Unterschicht-Familie kam – oder gar keine Familie vorweisen konnte. Und wenn einem die anderen das nicht mehr ansehen, so weiß man es doch selber, und das genügt, dass man Erfolge gleich infrage stellt und bei jedem Misserfolg glaubt, man sei selber schuld.

Einer, der das am eigenen Leib erfahren und als Erster in Deutschland beschrieben hat, ist der Schriftsteller Karl Philipp Moritz. Am 15. September 1756 in Hameln geboren, wuchs er in ärmlichen Verhältnissen auf und kam mit zwölf Jahren zu einem Hutmacher in Braunschweig in die Lehre. Nach eineinhalb Jahren schwerer körperlicher Arbeit, nach vielen Demütigungen und Qualen, versuchte er, sich das

Leben zu nehmen. So kam er mit 14 wieder zu seinen Eltern nach Hannover. Ein Pfarrer wurde auf seine Begabung aufmerksam; er verschaffte ihm ein Stipendium und sogenannte »Freitische« – unentgeltliche Mahlzeiten.

In späteren Jahren wurde Moritz Professor an der Akademie der Künste in Berlin und Königlich Preußischer Hofrat. Beruflich und gesellschaftlich war er etabliert, aber privat geriet er in ein tragikomisches Desaster: Er heiratete ein 16-jähriges Mädchen, das bald darauf von einem früheren Liebhaber entführt wurde. Die Ehe wurde geschieden, nach einigen Monaten heirateten die beiden neuerlich, doch schon zwei Monate danach, am 26. Juni 1793, starb Moritz an seiner chronischen Lungenkrankheit. Er war keine 37 Jahre alt.

Hinterlassen hat er viele Schriften, allen voran seinen »Anton Reiser« – einen autobiografischen Roman von den Leiden seiner Kindheit, eine quälend genaue Selbstanalyse, die bis heute nichts von ihrer Unmittelbarkeit verloren hat. Ein gutes Buch, um die eigenen Kindheitswunden zuzulassen und mit ihnen zu leben.

II

»Die Aufmerksamkeit des Menschen mehr auf den Menschen selbst zu heften, und ihm sein individuelles Dasein wichtiger zu machen« – das formuliert Karl Philipp Moritz in der Einleitung zu seinem »Anton

Reiser« als Ziel. Und wer den Roman je aufgeschlagen hat, weiß: Es tut weh, sich diesem Ziel zu nähern. Denn der Autor zwingt sich unter der Maske des Anton Reiser noch einmal durch die eigene Kindheit, wirft einen analytischen Rückblick auf die Demütigungen, Allmachtsphantasien und Ängste einer verlassenen Kinderseele. Anton Reiser war, wie es im Buch heißt, »in seiner frühesten Jugend schon von Vater und Muter verlassen, denn er wußte nicht, an wen er sich anschließen, an wen er sich halten sollte, da sich beide haßten, und ihm doch einer so nahe wie der andre war«.

Hinter dem psychologischen Roman öffnet sich ein Panorama der deutschen Gesellschaft des 18. Jahrhunderts aus der Perspektive von unten: von den ausgebeuteten Kindern, die schwere, gefährliche Arbeiten verrichten müssen und durch Geburt und Herkunft von den aufkommenden Bildungsidealen ausgeschlossen sind.

Den ersten Vorabdruck seines »Anton Reiser« publizierte Moritz 1783 – im selben Jahr, als Immanuel Kant seine berühmte Definition veröffentlichte: »Aufklärung ist der Ausgang des Menschen aus seiner selbstverschuldeten Unmündigkeit.« Was bei Kant abstrakte Maxime ist, wird bei Moritz geradezu körperlich erfahrbar: der Weg eines Menschen aus seiner Unmündigkeit. Und vor allem: wie wenig diese Unmündigkeit selbstverschuldet ist.

Phantasie und Lektüre halten Anton Reiser am Leben, aber der Roman bricht ab, bevor er zu einer

Triumphgeschichte geglückter Aufklärung und Bildung werden könnte. Reiser will sich einer Theatertruppe anschließen – aber die hat sich gerade aufgelöst und ist »eine zerstreute Herde«, so die letzten Worte des Romans.

Jean Paul hat einmal von der »Abwesenheit des Himmels« im »Anton Reiser« gesprochen. Nicht dass dem Roman die religiöse Dimension fehlte – im Gegenteil –, aber die konsequente Abwesenheit von Erlösung wird dadurch umso schmerzlicher.

III

»Die Nachahmungssucht scheint (...) daher zu entstehen, weil eine große Eigenschaft des Menschen, der Stolz eines jeden auf sein eigenes individuelles Dasein, so sehr unter uns verloschen ist.« So schrieb Karl Philipp Moritz in seinem »Vorschlag zu einem Magazin der Erfahrungs-Seelenkunde«. Dieses Magazin sollte, modern gesprochen, eine Zeitschrift für Fallgeschichten des individuellen Lebens sein. Wenig Reflexion, viele Fakten und vor allem »kein moralisches Geschwätz« verspricht Moritz.

Er rät auch zu Selbstbeobachtung, um »in seine eigene wirkliche Welt immer tiefer einzudringen« – gegen den »Hang, sich in eine idealistische Welt hinüber zu träumen«. Moritz hat das selbst praktiziert – vor allem in seinem einzigartigen Roman »Anton Reiser«, in dem er rückblickend die eigene Jugend reflektiert. Und er hielt jeden Menschen dazu imstande, sich über sein Leben klarer zu werden; darum nannte er seine Zeitschrift »ein Lesebuch für Gelehrte und Ungelehrte«.

Während seines Italienaufenthaltes 1786–88 konnte sich Moritz nicht um die Zeitschrift kümmern. Karl Friedrich Pockels führte sie weiter. Nach der Rückkehr von Moritz kam es zu einem öffentlichen Konflikt. In den Zusammenfassungen und Sichtungen der eingegangenen Beiträge hatte sich Pockels etwa gegen »den immer mehr einreißenden Glauben an die Einwirkung guter und böser Geister auf das Gemüt« gewandt. Moritz konterte: »Was geht den Psychologen als Psychologen irgendein einreißender Glaube an? Wozu will er irgendeinen einreißenden Glauben beschämen?«

Für Moritz sollte ein Psychologe nur beobachten. Er hielt zwar nichts von einem irrationalen Mystizismus – aber ebenso wenig von einem platten Rationalismus. Sehr treffend stellte er fest: »Es gibt eine Sucht, viele Dinge leicht erklärlich zu finden, ebenso wie es eine Sucht gibt, viele Dinge unerklärlich zu finden – und man fällt sehr leicht von einem Extrem aufs andere.«

Heute wundert man sich, dass Sigmund Freud Karl Philipp Moritz und sein Konzept der Erfahrungs-Seelenkunde nie erwähnte. Aber Moritz war im 19. Jahrhundert so gründlich vergessen, dass Freud ihn kaum kennenlernen konnte. Heinrich Heine allerdings kannte ihn. Er stellte seinen Pariser Lesern die

Berliner Aufklärer vor und fügte hinzu: »Moritz ist mir der liebste.«

IV

Rom, den 7. Oktober
Die Familie eines Kaufmanns aus einer deutschen Reichsstadt ist jetzt hier, um die Kunstwerke und Altertümer zu sehen. – Gestern waren sie im Vatikan gewesen; sie erzählten mir, wie ermüdet sie wären, und freuten sich, daß nun wieder die Arbeit eines Tages überstanden wäre.
Wenn sie mit der Galerie oder einer Antikensammlung fertig geworden sind, so trösten sie sich mit dem Ausruf: nun Gottlob, das haben wir auch gesehen! –

Das klingt sehr nach dem Besichtigungsstress und Bildungstourismus von heute. Doch diese Beobachtungen stammen von dem Schriftsteller Karl Philipp Moritz während seiner Romreise in den Jahren 1786–88. Für ihn war – trotz eines mehrwöchigen Abstechers nach Neapel mit Vesuvbesteigung und Capriausflug – die Erfahrung der antiken Kunstwerke das Zentrum seines Italienaufenthaltes. Um diese Erfahrung ging es ihm, nicht um Bildungswissen.

Moritz erlebte in Rom die lebendige Begegnung mit der Antike. Er war auch ein Kunsttheoretiker, der der deutschen Klassiker viel von ihrer autonomen Ästhetik vorformulierte: Er sah das Kunstwerk als durch sich selbst gerechtfertigt und außerhalb der Welt der Zwecke und Nutzen. Er befreite es von der

Aufgabe, religiös zu belehren, wie auch davon, im Sinn der Aufklärung zu agitieren.

In der Antike fand Moritz eine Gegenwelt zu den Leiden seiner Jugend, die er im Roman »Anton Reiser« geschildert hat. Eine von diesseitigen Freuden geprägte Gegenwelt auch gegen die christliche Askese. Im alten Rom, so schreibt Moritz mehrmals, sei die Religion »nur eine Weihung des wirklichen Lebens« gewesen. Darum hat er der römischen Festkultur ein eigenes Buch gewidmet: nicht, um sie nur als Historiker zu beschreiben, sondern um eine neue Vision des Alltags und des Alltäglichen zu entwickeln. Und die beginnt damit, die übliche Abwertung des Wortes »alltäglich« nicht gelten zu lassen. Moritz hält dem entgegen: »Es ist ein langweiliger und ermüdender Begriff, der Begriff des Alltäglichen – und was ist alltäglicher als das Leben selber, welches demohngeachtet eine ununterbrochene Kette von Wundern ist, deren Anfang und Ende wir nicht fassen.«

V

Ein protestantischer Prediger betritt die Kanzel. Er ist sehr groß und stößt mit dem Kopf gegen eine Taube, die den Heiligen Geist symbolisiert. Die Taube ist nur angeleimt und stürzt hinab auf die wartende Gemeinde. Aber der Geistliche beginnt seine Predigt, als wäre nichts geschehen. In der Gemeinde sitzt der Küster Ehrenpreiß und schreibt die Predigt mit – er hofft, eine Häresie zu finden, das ist schließlich seine Liebhaberei. Und natürlich findet er die Ketzerei.

Diese groteske Szene steht im Roman »Andreas Hartkopfs Predigerjahre« von Karl Philipp Moritz. Sein Protest gegen die protestantische Orthodoxie beruht auf intensiver Erfahrung. Beginnt doch sein viel bekannterer Roman »Anton Reiser«, in dem Moritz die Leiden seiner Jugend verarbeitet, mit dem Konflikt zwischen seinem Vater, der der schwärmerischen Sekte der Quietisten angehört, und der streng lutherischen bibelfesten Mutter. Das Kind fühlt sich von beiden im Stich gelassen und ungerecht behandelt. Es taucht tief ein in das religiöse Schwärmertum und kommt zu einem Lehrherrn, der Quietist ist wie sein Vater. Von diesem Hutfabrikanten heißt es: »Seine Leute konnten ihm nie genug arbeiten – und er machte ein Kreuz über das Brot und die Butter, wenn er ausging.« Das Kreuz als Kontrollzeichen, damit von den ausgebeuteten Jugendlichen nicht einer heimlich essen kann – schlimmer lässt sich Frömmigkeit kaum pervertieren.

Karl Philipp Moritz kannte die Religion von innen und hatte wenig gute Erfahrungen damit. Im »Anton Reiser« hat er einen genauen Blick dafür, wie Menschen durch Religion in Abhängigkeit gehalten werden. Gleichzeitig sind diesem Anton Reiser die religiösen Geschichten und Bilder ein überlebensnotwendiges Reservoir seiner eigenen Phantasie. Die Lektüre des »Anton Reiser« schärft die Augen, beides voneinander zu unterscheiden.

VI

Der Schriftsteller Karl Philipp Moritz ist ein Zeitgenosse Mozarts. Im selben Jahr 1756 geboren, hat er ihn nur um zwei Jahre überlebt. Doch während man Mozart auf Schritt und Tritt begegnet, ist es um Moritz allzu ruhig. Das Gesamtwerk dieses Romanautors, Kulturhistorikers, Psychologen und Sprachwissenschaftlers ist noch nicht einmal zur Gänze erschienen, und nicht alles ist so einfach und voraussetzungslos zu lesen wie der Roman »Anton Reiser«. Aber der Moritzforscher Lothar Müller hat ein »Moritz-ABC« herausgegeben, das gleichzeitig ein Lesebuch von und über Moritz ist und ihn vielfältig zu Wort kommen lässt.

Dabei ist die alphabetische Ordnung kein Gag, sondern verkörpert das Prinzip, mit dem sich Moritz immer wieder auseinandergesetzt hat: die Abbildung der Laute einer Sprache durch Buchstaben. Natürlich ist Moritz ein Kind der Alphabetisierung, die im 18. Jahrhundert stattgefunden hat. Vehement tritt er dafür ein, dass der Zugang zu Sprache und Bildung jedem offen steht, unabhängig vom »Zufall der Geburt«, den er bitter beklagt. Moritz hat sich sogar ausführlich mit Taubstummen beschäftigt und erzählt die Geschichte von einem Blinden, der sich sein eigenes Alphabet geschnitzt hat, um tastend lesen zu können.

Umso erstaunlicher ist, dass Moritz auch die Kehrseiten der Schulbildung und der Buchwelt sieht, von der er so fasziniert ist. »Nichts macht die Menschen wohl mehr unwahr als eben die vielen Bücher«, schreibt er in seiner Erfahrungs-Seelenkunde. Sie schütten das Eigene, Originelle zu, und die Beschäftigung mit ihrer Fülle kostet so viel Lebenszeit, dass für das eigene Denken kaum mehr Zeit bleibt.

Karl Philipp Moritz ist kein Agent einer Weltanschauung; auch nicht der Aufklärung, der er zweifellos angehört. Er ist ein Eigendenker, der voller Überraschungen steckt. Statt hehrer Prinzipien redet er eher der Resignation das Wort. Sie ist für ihn die Voraussetzung für einen ungetrübten, illusionslosen Blick auf Unglück, Qual und Not. Und für die Lebensweisheit, die jeden einzelnen Tag für sich betrachten und schätzen lernt.

John Henry Newman
Leben heißt sich wandeln

I

Im England des 19. Jahrhunderts hat die industrielle Revolution ihren Ausgang genommen; hier wurden die ersten mechanischen Webstühle gebaut, hier fuhren die ersten Eisenbahnen. In diese Zeit wurde John Henry Newman hineingeboren. Er kam aus dem Großbürgertum und genoss eine fundierte Bildung in einer Internatsschule. Dort musste er als Fünfzehnjähriger den Sommer über bleiben, während die Familie nach einem Konkurs des Vaters in bescheidenere Verhältnisse umzog. Unter dem Einfluss eines jungen anglikanischen Priesters stieß er auf theologische Literatur und hatte ein einschneidendes Erlebnis, das ihn lebenslang prägte. Er spürte die Gewissheit – so formulierte er später –, dass es zwei und nur zwei Wesen gebe, die absolut und von einleuchtender Selbstverständlichkeit sind: »ich selbst und mein Schöpfer«.

Diese Unmittelbarkeit gegenüber Gott und das Ernstnehmen der eigenen Person und des konkreten Lebens mit seinen Herausforderungen prägen Newmans Religiosität. Unter seinen Schriften finden sich viele autobiografische Aufzeichnungen, die er mehrmals überarbeitete. Rechenschaft über das eigene Leben – sich selbst, den Menschen und Gott gegenüber – war ihm wichtig. Und sein Leben sollte alles andere als einfach werden. Zunächst freilich machte er eine steile Kariere: Mit 15 Jahren trat er in das Trinity College in Oxford ein, mit 21 war er bereits Universitätslehrer, mit 24 Jahren wurde er zum Priester der Church of England geweiht und drei Jahre später war er Vikar der Universitätskirche von Oxford, dem geistigen Zentrum der anglikanischen Kirche. Aber aus dem anglikanischen Priester sollte ein katholischer Kardinal werden. Bis dahin war es freilich ein weiter Weg. Newmans Leben, das fast das ganze 19. Jahrhundert umfasst, weist viele Wandlungen auf. Der Brennpunkt seiner Religiosität aber blieb unverändert: »ich selbst und mein Schöpfer«.

II

John Henry Newman, eine der großen religiösen Persönlichkeiten des 19. Jahrhunderts, hatte lebenslang ein großes Talent für Freundschaften. 1832/33 unternahm er mit Freunden eine Mittelmeerreise, auf der er lebensgefährlich erkrankte. Er spürte aber, er werde am Leben bleiben und sagte: »Ich werde nicht sterben, denn ich habe nicht gegen das Licht gesündigt.« Später fügte er hinzu: »Was ich damit meinte, konnte ich nie ganz erklären.«

Unter dem Eindruck dieses Erlebnisses schrieb Newman auf der Weiterreise zahlreiche Briefe und Gedichte. Das bekannteste von ihnen, das er zwischen Palermo und Marseille geschrieben hat, wird auch heute noch gerne gebetet und gesungen:

Führ liebes Licht, im Ring der Dunkelheit
führ du mich an.
Die Nacht ist tief, noch ist die Heimat weit,
führ du mich an!
Behüte du den Fuß: der fernen Bilder Zug
begehr' ich nicht zu sehn: ein Schritt ist mir genug.
Ich war nicht immer so, hab' nicht gewusst
zu bitten: du führ an!
Den Weg zu schaun, zu wählen war mir Lust
doch nun: führ du mich an!
Den grellen Tag hab ich geliebt und manches Jahr
regierte Stolz mein Herz, trotz Furcht: vergiss, was war!
So lang gesegnet hat mich deine Macht,
gewiss führst du mich weiter an,
durch Moor und Sumpf, durch Fels und Sturzbach,
bis die Nacht verrann
und morgendlich der Engel Lächeln glänzt am Tor,
die ich seit je geliebt, und unterwegs verlor.

Aus diesem Gedicht spricht das Faszinierende an Newmans Religiosität, die das Leben nicht verdunkelt, sondern erleuchtet. Er sprach oft von »providence«, von einer göttlichen Vorsehung und Vorsorge, von der er sich durch die wechselnden Stationen seines Lebens getragen wusste.

Das vor allem besticht an John Henry Newman: dass es nicht darum geht, etwas zu werden oder zu erreichen, sondern das entscheidende Licht in seinem Leben nicht zu verlieren.

III

John Henry Newman gilt noch immer als der große Anwalt des menschlichen Gewissens. Nicht die Natur, das Gewissen war für Newman der entscheidende Ort der Gotteserfahrung:

> Das Gewissen ist der ursprüngliche Statthalter Christi, ein Prophet in seinen Mahnungen, ein Monarch in seiner Bestimmtheit, ein Priester in seinen Segnungen und Bannflüchen. Selbst wenn das ewige Priestertum der Kirche aufhören könnte zu existieren, würde im Gewissen das priesterliche Prinzip fortbestehen und seine Herrschaft ausüben.

Newman selbst fühlte sich im Gewissen verpflichtet, die verbürgerlichte anglikanische Staatskirche seiner Zeit zu verlassen und in die katholische Kirche einzutreten; das Studium der Kirchenväter und der Anfänge des Christentums hat ihn dazu gebracht. Aber als Katholik sagte er dann:

> Wenn ich genötigt wäre, bei den Trinksprüchen nach dem Essen ein Hoch auf die Religion anzubringen (was freilich nicht ganz das Richtige zu sein scheint), dann würde ich trinken – freilich auf den Papst, jedoch zuerst auf das Gewissen und dann erst auf den Papst.

Bei John Henry Newman kann man deutlich sehen, was zu einer Gewissensentscheidung gehört: eine lange Phase der Prüfung und des Nachdenkens, keine Angst vor Einsamkeit und klare Konsequenzen. Das Gewissen kann man nicht delegieren: weder an den

Zeitgeist noch an Autoritäten und Vorgesetzte – auch nicht an kirchliche. Und das Gewissen taugt nicht als Ausrede, wenn man sonst keine Argumente hat. Der Blick auf John Henry Newman zeigt: Das Gewissen bildet sich im Nachdenken, und es kann seine Argumente vorbringen.

IV

Sehr bestimmt und entschieden konnte John Henry Newman, der große englische Theologe des 19. Jahrhunderts, sein, wenn es ihm um die Wahrheit ging. Aber zeit seines Lebens war er ein musischer Mensch – und vielleicht gerade deswegen ganz und gar kein Fanatiker. Von Kindheit an spielte er Violine. Einmal, als er schon außer Übung war, spielte er so viel, dass er sich die zerschnittenen Finger mit Heftpflaster verkleben musste.

Als Newman zur katholischen Kirche übertrat, war er dadurch von seiner Familie isoliert. Seine Schwester, mit der er so oft zusammen musiziert hatte, sollte er 22 Jahre nicht wiedersehen. Für dieses Wiedersehen lieh er sich dann die Noten aller Beethoven-Sonaten für Violine und Klavier aus, um sie endlich wieder mit ihr zu spielen. Später hat er ihr geschrieben, wie sehr er gerade an der a-Moll-Sonate hing. Im Brief an einen Freund hat John Henry Newman besonders eindrücklich festgehalten, was ihm die Musik bedeutete:

> Ich glaube wirklich, die Geige wird meine Arbeitskraft vermehren und mein Leben verlängern. Ich schrieb nie mehr, als wenn ich die Geige spielte. Nach Musik schlafe ich stets besser. Es muß einen elektrischen Strom geben, der von den Saiten durch die Finger in das Gehirn geht und das Rückenmark hinunter. Vielleicht ist Denken Musik.

John Henry Newman war einer der bedeutendsten theologischen Denker seiner Zeit. Aus der katholischen Kirche des 19. Jahrhunderts, die sich in einem sehr fixen Denksystem und Lebensmuster gegen die moderne Zeit verbarrikadiert hatte, hebt sich Newman mit seiner entschiedenen Offenheit und mit der Reflexion des eigenen Lebens deutlich heraus. Und er dachte über die Nähe des Menschen zu Gott nicht nur nach, sondern drückte sie aus in Dichtung und Musik. Bei Newman kann man sehen, wie es möglich ist, feste Überzeugungen zu haben und gleichzeitig das Leben in seiner Vielfalt ernst zu nehmen – das eigene wie das der Mitmenschen. Literatur und Musik sind dafür wichtige Begleiter.

V

Durch den Übertritt von der anglikanischen in die katholische Kirche war John Henry Newman persönlich und gesellschaftlich in ein Niemandsland geraten. Katholisch sein – das bedeutete im England des 19. Jahrhunderts: einer ungebildeten und verachteten Minderheit angehören. Newman wollte dazu beitragen, die englischen Katholiken aus ihrem geistigen Ghetto herauszuführen und ihnen Bildungsmöglichkeiten zu verschaffen. Er trat für einen gebildeten Laienstand ein, der seinen Glauben auch intellektuell verteidigen und seine Erfahrungen in die Kirche einbringen konnte. Aber wegen seines Artikels »Zeugnis der Laien in Sachen der Glaubenslehre« wurde er in Rom angezeigt. Gleichzeitig wurde er von anglikanischer Seite öffentlich der Unaufrichtigkeit in Bezug auf seine Bekehrung verdächtigt. Er antwortete mit einem Buch, mit seiner »Apologia pro vita sua«, einem noch heute faszinierenden Werk religiöser Autobiografie.

Oft hatte Newman das Gefühl, in der katholischen Kirche überflüssig zu sein, und lebte zurückgezogen. In einem Brief hatte er den Mut, seine Verzweiflung und seine Depression einzugestehen:

> Heute morgen beim Aufwachen überfiel mich die Empfindung, nur den Platz zu versperren, so stark, daß ich mich nicht dazu bringen konnte, unter meine Brause zu gehen. Ich sagte mir, was nützt es denn, seine Kraft zu erhalten oder zu vermehren, wenn nichts dabei herauskommt. Wozu für nichts leben?

John Henry Newman überspielte die Rückschläge und Enttäuschungen nicht, und auch nicht das Leiden an der eigenen Kirche; für den Machtmissbrauch in der Kirche hatte er ein waches Gespür. An der Richtigkeit seiner Gewissensentscheidung, sich der katholischen Kirche anzuschließen, zweifelte er dennoch nie. Auch das kann man heute noch von ihm lernen: Die Richtigkeit einer Entscheidung hängt nicht immer davon ab, ob man sich wohlfühlt. Aber die Missstände, an denen man leidet, sollte man aussprechen – und wo sonst wäre der Ort dafür, wenn nicht in der eigenen Religionsgemeinschaft.

VI

Aus der katholischen Kirche des 19. Jahrhunderts ragt der offene Geist John Henry Newmans deutlich heraus. Er reflektierte nicht nur abstrakte, unwandelbare religiöse Wahrheiten, sondern immer auch sein eigenes Leben. »Leben heißt sich wandeln, und vollkommen sein heißt sich oft gewandelt haben«, schrieb er einmal.

Am Ende seines Lebens war es ihm vergönnt, viele Früchte seiner Bemühungen zu ernten. 1877 wurde er als erster Katholik Ehrenfellow des Trinity College in Oxford. Der alte Mann freute sich wie ein Kind, dass er wieder nach Oxford, an die Wirkungsstätte seiner Jugend kommen konnte; aber vor allem auch darüber, dass der schmerzliche Riss, der durch seine Konversion zur katholischen Kirche entstanden war, dadurch geheilt wurde. Er hat sich zeit seines Lebens dazu bekannt, dass er der anglikanischen Kirche, die er verlassen hatte, sehr viel verdankte.

1879 wurde John Henry Newman von Papst Leo XIII. zum Kardinal ernannt. Damit waren auch die Angriffe und das Misstrauen in der katholischen

Kirche gegen ihn vorbei. Newman war in beiden Kirchen rehabilitiert, und das Ansehen der Katholiken in England hat sich gerade durch ihn deutlich verbessert.

Als er 1890 starb, schrieb die Londoner Times: »Ob Rom ihn heiligspricht oder nicht, er wird im Gedächtnis vieler Angehöriger verschiedener Glaubensbekenntnisse in England heiliggesprochen sein. Der Heilige und der Dichter in ihm werden überleben.«

1958 hat die katholische Kirche den Prozess seiner Seligsprechung eröffnet. Offiziell heiliggesprochen ist John Henry Newman bis heute nicht. Aber als Anwalt des menschlichen Gewissens ist er anerkannt. Und vor allem ist er selbst ein lebendiger Zeuge dieses Gewissens – durch alle Wandlungen seines langen Lebens hindurch. Gerade durch seine Gewissensentscheidung hat er erkannt, dass der Wandel zum Leben gehört.

George Orwell
Einige sind gleicher

I

Mit dem Roman »1984« ist der Schriftsteller George Orwell zu einem der einflussreichsten Autoren des 20. Jahrhunderts geworden. Dabei ist das gar nicht sein bestes Buch. Begonnen hat Orwell – oder richtiger gesagt Eric Blair, denn so hieß er, bevor er zum berühmten Schriftsteller wurde – begonnen hat er mit genau beobachteten Reportagen und Erinnerungen. Er hatte schlimme, bedrückende Erinnerungen an seine Zeit bei der englischen Kolonialpolizei in Burma, wohin er sich nach dem Schulabschluss, ganz in den Fußstapfen seines Vaters, gemeldet hatte.

Wie er den Kolonialismus verabscheuen lernte, hat er Jahre später beschrieben, unter anderem in dem kleinen Text »Einen Elefanten erschießen«: Ein Arbeitselefant hatte sich losgerissen und große Verwüstungen angerichtet. Der Kolonialpolizist Eric Blair musste einschreiten. Als er dem Elefanten mit seinem Gewehr gegenüberstand, waren ihm etwa 2000 Menschen gefolgt, die das Spektakel der Erschießung sehen und das Fleisch des Elefanten haben wollten. Der Elefant graste friedlich, seine Brunst war vorbei, es war also absolut unnötig, ihn zu töten. Aber der Polizist musste schießen, sonst hätte er sich vor der ganzen Menschenmenge lächerlich gemacht.

Da wird ihm mit einem Mal die Brüchigkeit und Hohlheit der Kolonialherrschaft bewusst. Der scheinbar mächtige Polizist muss tun, was die Menge erwartet. Wer zum Tyrannen wird, zerstört die eigene Freiheit, oder wie Gorge Orwell später geschrieben hat: »Er trägt eine Maske, und sein Gesicht passt sich ihr an.«

Orwell musste sich anpassen. Er hat den Elefanten erschossen und noch nach vielen Jahren seinen langen, schrecklichen Todeskampf beschrieben. Und er hat beschrieben, was es heißt, gleichzeitig die Unterdrückungsmaschinerie zu hassen, der man dienen muss, aber auch die Unterdrückten zu hassen, weil man ständig ihrem Hass ausgesetzt ist. Nach fünf Jahren in Burma, bei seinem ersten Heimaturlaub, quittierte Eric Blair seinen Dienst. Damit stand er vor dem Nichts. 14 Jahre sollte es dauern, bis er als BBC-Redakteur wieder so viel verdiente wie in Burma. Bis zum berühmten Schriftsteller George Orwell war es noch ein weiter Weg.

II

George Orwell begann nicht als berühmter Schriftsteller, sondern als Kolonialpolizist in Burma. Darüber hat er zeit seines Lebens wenig gesprochen, wohl aber die Erlebnisse beschrieben, die ihn nicht losließen: im Roman »Tage in Burma«, bis heute eine der schärfsten Abrechnungen mit dem Kolonialsystem, oder in dem kurzen Text »Einen Mann hängen«.

Orwell hat im Lauf seines Lebens viele Tote gesehen. Aber am schlimmsten war für ihn eine Hinrichtung, der er in Burma beiwohnen musste. Er ging mit dem Zug, der den Todeskandidaten zum Galgen brachte. Ein Detail wurde ihm dabei zum Schlüsselerlebnis: Der Mann, der bald sterben würde, trat achtsam zur Seite, um nicht in eine Pfütze zu treten. Jahre später hat Orwell diese Szene beschrieben:

> Seltsam, aber bis zu diesem Augenblick war mir nicht bewußt geworden, was es bedeutet, einen gesunden, denkenden Menschen zu töten. Als ich den Gefangenen beiseite treten sah, um der Pfütze auszuweichen, erkannte ich das Geheimnis, sah, welch ungeheuerliches Unrecht es ist, einem Leben gewaltsam ein Ende zu setzen, das in voller Blüte ist. (...) Seine Augen nahmen den gelben Kies und die grauen Mauern wahr, sein Hirn war noch imstande, sich zu erinnern, vorauszusehen, achtzugeben – selbst auf eine Pfütze. Er und wir waren Menschen, die gemeinsam einen Weg zurücklegten, welche die gleiche Welt erblickten, hörten, fühlten, begriffen, und in zwei Minuten, mit einem plötzlichen Knack, würde einer von uns nicht mehr da sein, ein menschliches Wesen weniger, eine Welt weniger.

Viele Welten hat George Orwell beschrieben, vor allem aber einzelne Menschen, ihre Gesichter und die Lebensgeschichten dahinter. Gesichter haben schon dem jungen Kolonialpolizisten nicht losgelassen: schweigende, feindselige, hasserfüllte Gesichter von Menschen in Burma. »Leider hatte ich mich nicht darin geübt, dem Ausdruck des menschlichen Gesichts gegenüber gleichgültig zu sein«, schrieb Orwell später. Gerade das macht seine Qualität als Schriftsteller aus.

III

George Orwell wurde am 25. Juni 1903 als Eric Arthur Blair geboren; sein Geburtsort war Motihari in Bengalen, denn dort war sein Vater in der englischen Kolonialverwaltung tätig. Nach einer unglücklichen Zeit in einer Privatschule und der Ausbildung am renommierten College in Eton sollte er als Kolonialpolizist in Burma zunächst dem Weg des Vaters folgen. Er war erfolgreich: Mit 23 Jahren war er Kommandeur einer knapp 300 Mann starken Polizeitruppe in Moulmein, einem bedeutenden Handelshafen in Burma.

Als er nach fünf Jahren aus dem Dienst schied, wollte er gerade das nicht mehr: erfolgreich sein. Er suchte ein billiges Zimmer in London, in Notting Hill, und wollte Schriftsteller werden. In vielen Anläufen und später vernichteten Manuskripten quälte er sich, eine eigene Sprache zu finden. Und vor allem suchte er neue Erfahrungen. Er fand sie bei den Ärmsten der Armen im Londoner East End; als Landstreicher mischte er sich unter sie. Verdreckt und heruntergekommen wanderte er durch die Außenbezirke Londons und schlief in überfüllten Schlafsälen von Armenhäusern. »Erledigt in Paris und London« heißt das Buch, das daraus geworden ist – seine erste Veröffentlichung unter dem Namen George Orwell.

Ja, auch in Paris ist er gewesen: zuerst als Englischlehrer und Journalist, am Schluss und nachdem er bestohlen worden war, als Tellerwäscher. Einen genauen Blick für die Gesichter der Armut hat er sich angeeignet. Freilich wusste er, dass er dieser Armut wieder entkommen konnte, aber dass er sich ihr aussetze, war mehr als ein Spiel. Und seine Berichte sind nie voyeuristisch, sondern geben den Armen und Ausgegrenzten eine reale Stimme, richten den Blick auf die, die normalerweise übersehen werden.

Ganz deutlich wird das auch in späteren Reportagen über seine Erfahrungen als Hopfenpflücker, über einen Aufenthalt in Marrakesch und vor allem im Bericht über ein englisches Kohlenbergwerk des Jahres 1936. Die rußigen Gesichter, der Staub, die Gefahren, die unvorstellbaren Anstrengungen – alles spricht aus diesem Text; und die Selbstverständlichkeit, mit der man normalerweise darüber hinwegsieht. Und davon nimmt sich auch Orwell selbst nicht aus: »Es wird einem klar, wenigstens solange man ihnen zusieht, daß, nur weil Kumpel sich die Eingeweide aus dem Leib schwitzen, geistig höherstehende Menschen auch geistig höher stehen können.«

Die Arbeitsbedingungen haben sich seit Orwells Berichten in vielfacher Weise gebessert. Aber die Menschen zu übersehen, die sich körperlich abrackern, ist wahrscheinlich noch leichter geworden. Besonders wenn es sich um Ausländer handelt, mit denen wir nie ein Wort sprechen.

IV

Zu Beginn der 1930er Jahre, in einer persönlichen und schriftstellerischen Krise, zeigte George Orwell ein überraschendes Interesse an Glaube und Religion. In Hayes, wo er an einer Privatschule unterrichtete, hatte er sich mit dem anglikanischen Vikar befreundet. In einem Brief beschreibt er ironisch ein Gefühl, das man auch heute noch verspüren mag, wenn man unter religiöse Insider kommt und sich als Einziger mit den Riten nicht auskennt:

> Mein einziger Freund ist der Seelsorger – Hochanglikanismus, aber kein schleimiger Jesustyp und ein sehr guter Kumpel. Natürlich bedeutet das, daß ich zur Kirche gehen muß, was hier eine ziemlich anstrengende Sache ist; denn der Gottesdienst ist so papistisch, daß ich mich damit gar nicht auskenne und mir wie ein schrecklicher Trottel vorkomme, wenn ich alle um mich herum sich niederknien und sich bekreuzigen sehe und bloß ich damit nicht zu Rande komme.

In dem ziemlich unbekannten Roman »Eine Pfarrerstochter« greift Orwell religiöse Fragen auf und beschreibt, wie die Pfarrerstochter Dorothy zu einer »anglikanischen Atheistin« wird:

> Es gab, das sah sie ganz klar, für den Glauben keinen Ersatz; keine heidnische Annahme des Lebens als etwas, das sich selbst genügte, kein pantheistisches Heiterkeits-Getue, keine Pseudo-Religion des »Fortschritts« mit Visionen eines glitzernden Utopia und Ameisenhaufen aus Stahl und Beton.

Für die Surrogate der Religion hat George Orwell jedenfalls einen sehr genauen Blick, besonders wenn er die Obsessionen des Mittelstandes beschreibt, dem er selbst entstammt. Hier kann er die Frage der Religion sehr kurz beschreiben: »Das Geld ist, was früher Gott war. Gut und Böse haben keine Bedeutung mehr, außer Versagen und Erfolg.« Das Milieu, für das diese Diagnose zutrifft, ist nicht ausgestorben. Im Gegenteil: Es hat zurzeit ganz besonders Konjunktur.

V

Der Blick von unten, das Misstrauen gegen den Erfolg, der genaue Blick auf Armut und Ausbeutung prägte den Schriftsteller George Orwell lebenslang. Die politischen Konsequenzen, die er daraus zog, änderten sich durch Denken und Erfahrung. Klar war für ihn, wie für alle linksgerichteten Intellektuellen, dass er im Spanischen Bürgerkrieg auf Seiten der Demokratie gegen General Franco kämpfen wollte. Sechs Monate verbrachte er im Jahr 1937 in Spanien. Als ihm ein faschistischer Heckenschütze den Hals durchschoss, war er in akuter Lebensgefahr; die Ärzte befürchteten, er würde für den Rest seines Lebens die Stimme verlieren.

Noch prägender aber war die politische Enttäuschung. Er musste erleben, wie die Kommunisten, sobald sie die Oberhand gewonnen hatten, rücksichtslos sogenannte »Abweichler« verfolgten. Und als er nach England zurückkam, wollte kein linker Verlag seinen Bericht »Mein Katalonien« drucken. Man befürchtete, mit Kritik am Kommunismus »reaktionären Kräften« in die Hände zu spielen.

Als George Orwell 1943, mitten im Zweiten Weltkrieg, sein Märchen »Farm der Tiere« schrieb, war die Veröffentlichung erst recht nicht opportun. War doch in der Karikatur unschwer der Sowjetkommunismus zu erkennen, und mit Stalin war England schließlich gegen Hitlerdeutschland verbündet.

Am Beginn des Buches steht die Anprangerung der Ausbeutung der Tiere durch die Menschen. Schließlich vertreiben die Tiere den Farmer und seine Knechte. Ihr oberster Grundsatz lautet: »Alle Tiere sind gleich.« Doch bald gibt es wieder Unterschiede und Privilegien. Und dafür braucht man Rechtfertigung und Propaganda. Die Schweine übernehmen die Herrschaft – in den beiden Ebern Schneeball und Napoleon sind unschwer Trotzki und Stalin zu erkennen –, es kommt zu Schauprozessen und Hinrichtungen, und dann gibt es nur mehr ein einziges Gebot: »Alle Tiere sind gleich. Aber manche sind gleicher.« Am Schluss laden die Schweine die Menschen zum Versöhnungsbankett ein; aber da ist schon nicht mehr unterscheidbar, wer ein Mensch ist und wer ein Schwein.

Dieses Buch gehört zu meinen nachhaltigsten Lektüreerlebnissen. Ich habe es in den achtziger Jahren von einem Freund bekommen, als ich Deutschlektor in der Sowjetunion war. Still hat er es mir in die Hand gedrückt, denn es war eines der am striktesten verbotenen Bücher in der Sowjetunion, der Besitz ein Verhaftungsgrund. Ich habe mit niemandem darüber gesprochen und es immer im hintersten Winkel meines Kastens versteckt. Die Genauigkeit der Bilder, der Allegorie ist noch immer verblüffend; keine theoretische Schrift hat die Sowjetdiktatur so entlarvt wie dieses Märchen.

Und hat dieses Märchen heute noch eine Bedeutung? Es sagt jedenfalls nicht, dass jede Revolution zum Scheitern verurteilt ist. Doch »Farm der Tiere« zeigt, wo es schiefgelaufen ist: als die Propagandalügen akzeptiert wurden.

VI

> Solange ich lebe und gesund bin, wird mir gute Prosa immer wichtig sein, werde ich immer das Antlitz der Erde lieben und meine Freude an handfesten Themen und Schnipseln von unnützer Information haben.

Das schrieb George Orwell, der sich schon als einsames Kind gerne Geschichten ausdachte. Mit seiner letzten Geschichte, dem Roman »1984«, wurde er international zu einem der einflussreichsten Autoren des 20. Jahrhunderts. Die Jahreszahl 1984 ist übrigens einfach die Umkehrung des Entstehungsjahres 1948. Damals war George Orwell mit seinen 45 Jahren bereits todkrank. Mit den Lungen hatte er immer

Probleme gehabt, aber nun ging seine Tuberkulose ins Endstadium. »1984« sollte er als Bettlägeriger vollenden und gegen das Verbot der Ärzte in einem Sanatorium korrigieren. Seine Frau war an Krebs gestorben; so gut er konnte, kümmerte er sich um den gemeinsamen Adoptivsohn.

Heute über »1984« zu sprechen, fällt schwer. Denn die Warnung vor totaler Kontrolle und Beobachtung – »Big brother is watching you« – ist zum Showtitel verkommen. Dem, wovor der Roman Angst machen wollte, setzt man sich freiwillig zur allgemeinen Unterhaltung aus. Auch das Zimmer 101, in dem die schlimmsten Folterungen stattfinden, ist zum Titel einer britischen Unterhaltungssendung geworden. Außerdem wurde das Buch lange nur als Illustration des Totalitarismus gelesen und daraus der Schluss gezogen: Alle totalitären Systeme – vor allem Nationalsozialismus und Kommunismus – haben eine ähnliche Grundstruktur. Und jetzt, wo wir zumindest in Europa beide Systeme hinter uns haben, ist Orwells Buch der Gegner abhanden gekommen; wir können uns mit »1984« blendend unterhalten.

Aber vielleicht sollten wir uns mit einer anderen Negativutopie auseinandersetzen, die Orwell bei der Abfassung seines Romans sehr beschäftigt hat: die Schrift »Das Regime der Manager«, die der amerikanische Publizist James Burnham 1941 veröffentlichte. Orwell hat ihn so zusammengefasst: Die

Manager »werden die alte Kapitalistenklasse ausschalten, die Arbeiterklasse unterdrücken und die Gesellschaft so organisieren, dass alle Macht und alle wirtschaftlichen Vorrechte in ihren Händen bleiben.«

Freiheit ist nie selbstverständlich. In jeder Zeit gilt es, genau hinzusehen, woher sie bedroht wird.

Simone Weil
Wer nicht nach der Wahrheit verlangt,
irrt sich auch, wenn er das
Glaubensbekenntnis aufsagt

I

Die französische Denkerin Simone Weil gehörte zu den ersten Frauen, die an der elitären staatlichen Ausbildungsanstalt für Gymnasiallehrer, der Ecole Normale Superieur, studieren konnten. Aber aus ihr wurde keine richtige Philosophieprofessorin. Ihre Schülerinnen lernten, eigene Aufsätze zu schreiben anstatt die vorgeschriebenen Lehrbücher zu reproduzieren.

Ihr selbst war Denken allein zu wenig. Sie begleitete eine Arbeitslosen-Delegation zum Bürgermeister, der den Saal räumen ließ, engagierte sich in den Gewerkschaften und arbeitete trotz schlechter Gesundheit ein Jahr als Hilfsarbeiterin in einer Elektrofirma und als Fräserin in den Renault-Werken. Und sie, die überzeugte Pazifistin, ging nach Spanien, um an der Seite der Republikaner zu kämpfen. Dabei musste sie erfahren, dass auch die eigene Seite Gewalt ausübte.

Simone Weil, die als Jüdin vor dem Einmarsch der deutschen Truppen in Paris fliehen musste, dann von Marseille über Casablanca nach New York kam, um in London für den französischen Widerstand zu arbeiten, war hineingeworfen in eine Zeit der Gewalt.

Seit 1998 liegen die »Cahiers« von Simone Weil, ihre privaten Aufzeichnungen, auf Deutsch vor. Sie zeigen eine abenteuerliche und eigenständige Denkerin, die für den Kampf gegen Gewalt denkbar ungeeignet scheint. Aber sie wollte sich einmischen, wo Menschen um ihr Leben und um ihre Lebensgrundlagen kämpfen müssen. Sie wusste, dass es manchmal auch Gewalt braucht, um andere schützen zu können:

> Die Gewaltlosigkeit ist nur dann gut, wenn sie etwas bewirkt. Hierher gehört die Frage des jungen Mannes an Gandhi bezüglich seiner Schwester. Die Antwort müsste lauten: Wende Gewalt an, es sei denn, du kannst sie mit genauso großer Aussicht auf Erfolg auch ohne Gewalt verteidigen. Es sei denn, du verfügst über eine Ausstrahlung, deren Energie (das heißt das, was sie im ganz konkreten Sinne bewirken kann) der deiner Muskeln gleichkommt.
> Solche Menschen hat es gegeben. Der heilige Franziskus. Sich anstrengen, so zu werden, dass man gewaltlos sein kann.
> Das hängt auch vom Gegner ab.
> Sich anstrengen, in der Welt die Gewalt immer mehr durch wirksame Gewaltlosigkeit zu ersetzen.

Für Simone Weil ist der konkrete Mensch wichtiger als jedes abstrakte Prinzip, auch das der Gewaltlosigkeit. Und wenn ich mich zurückziehen möchte in die Welt des Denkens, der Kunst oder der Religion – alles, was auch Simone Weil lebenswichtig war –, dann lerne ich von ihr, dass das alles wertlos ist, wenn es den Blick abwendet von den Menschen, von der Gegenwart und ihrer Gewalt.

II

Mit Religion hatte Simone Weil von Haus aus nichts zu tun. In einem agnostischen jüdischen Elternhaus religionslos erzogen, hat sie, wie sie selbst schreibt, nie Gott gesucht. Als kreative und eigenständige Denkerin hat sie nach Wahrheit gesucht, als Gewerkschafterin nach Gerechtigkeit. Nach einem Jahr Fabrikarbeit hörte sie in Portugal den Gesang armer Fischer und wusste plötzlich: Das Christentum ist die Religion der Sklaven, und ich gehöre dazu. Später zwang sie in Assisi ein noch nie gekanntes Erlebnis, zum ersten Mal in ihrem Leben auf die Knie zu fallen. Und in der Benediktinerabtei Solesmes, wo sie Ostern 1938 verbrachte, hat sie die gregorianischen Gesänge miterlebt; von bohrenden Kopfschmerzen gequält, die sie lebenslang nicht mehr verließen, erlebte sie bei der Schönheit der Gesänge und Worte einen Augenblick reiner und vollkommener Freude, wie sie später schrieb. Über diese Erfahrungen hat sie nur mit zwei Menschen in ihrem Leben gesprochen. In ihren Aufzeichnungen finden sich nur wenige, karge Sätze:

> Wenn man Bach oder eine gregorianische Melodie hört, verstummen alle Fähigkeiten der Seele und spannen sich an, um diese vollkommen schöne Sache zu begreifen, jede auf ihre Weise. Der Verstand unter anderen; er

> findet hier nichts zu bejahen und nichts zu verneinen, doch er findet darin seine Nahrung.
> Muss der Glaube nicht eine Zustimmung dieser Art sein?
> Man erniedrigt die Mysterien des Glaubens, wenn man aus ihnen einen Gegenstand der Bejahung oder der Verneinung macht, wo sie doch ein Gegenstand der Betrachtung sein müssen.

Betrachtung, Warten, reine Aufmerksamkeit – das waren für Simone Weil die entscheidenden Haltungen, um die Mysterien des Lebens und des Glaubens anzunehmen, nicht aufzulösen. Was mich an ihr vor allem fasziniert, ist ihre denkerische und religiöse Grundhaltung: die unlösbaren Probleme in ihrer Unlösbarkeit genau anzuschauen und auszuhalten.

III

Simone Weil ist im Alter von 34 Jahren an Tuberkulose und Unterernährung gestorben. Hunger war durch viele Jahre ihres Lebens ein ständiger Begleiter. Als Arbeitslose hungerte sie, um nicht mehr Geld zu verbrauchen, als einem Arbeitslosen täglich zusteht. Und in London, wo sie für den französischen Widerstand arbeitete, hungerte sie, um nicht mehr zu essen, als ihren Landsleuten im besetzten Frankreich zustand. Im letzten Band ihrer Aufzeichnungen findet sich die Notiz: »So wie die allgemeine und dauernde Lage der Menschheit in dieser Welt aussieht, ist es vielleicht immer ein Betrug, sich satt zu essen. (Ich habe ihn oft begangen.)«

Hungern war für Simone Weil ein spürbares Zeichen der Solidarität. Aber es hatte auch krankhafte Züge. Es ist einfach, bei ihr Anorexie, krankhafte Magersucht festzustellen; auf ihrem Totenschein heißt es, sie habe sich selbst zerstört. Das kann man leicht dazu benutzen, um ihre radikale Lebensweise als verrückt abzutun. Es ist aber ebenso einfach, die Krankheit zu verschweigen und ihr Sterben als reinen Opfertod zu heroisieren.

Krankheit kann ein Ort besonderer Sensibilität und intensiver Wahrnehmung sein. Manchmal ist aus Krankheit große Kunst entstanden. Warum kann Krankheit nicht auch die Basis einer intensiven Spiritualität sein? Viele Menschen haben Schwierigkeiten damit, weil sie sich Idole wünschen, die sie nachahmen können.

Doch niemandem möchte man das Leben von Simone Weil wünschen, und noch weniger möchte man es selber führen. Es ist wichtig, sich das einzugestehen. Sonst verstellt ihre Verehrung den Blick auf die eigene Mittelmäßigkeit, lenkt ab vom Wohlstand und der gesicherten Existenz, in der man selbst lebt.

Ich möchte gut und gesund leben. Ich glaube nicht, dass man nur im Hungern solidarisch sein kann. Aber ich möchte nie vergessen, dass ich, weltweit gesehen, einer Minderheit angehöre, die sich satt essen kann. Täglich die Nachrichten hören, den Zustand der Welt wahrzunehmen und sich nicht damit abzufinden – die Spiritualität von Simone Weil ist eine Ermutigung, die Verbundenheit mit allen Menschen durchzuhalten.

IV

Ein Ort, den man nicht vergisst, weil die Kindheit, eine Liebe, ein großes Glück oder bleibender Schmerz mit ihm verbunden sind; ein Gegenstand, der durch die Verbindung zu einem anderen Menschen besonders und kostbar geworden ist – das bewahrt uns davor, in der Gleichförmigkeit des Lebens zu versinken, die Aufmerksamkeit zu verlieren. Es braucht die besonderen Orte, Zeichen und Zeiten, damit nicht alles in Bedeutungslosigkeit versinkt.

In der christlichen Religion sind die Sakramente solche Zeichen. Gerade sie haben Simone Weil, die skeptisch-agnostische Denkerin jüdischer Herkunft, am Christentum fasziniert. Sie dachte dabei nicht nur an die Riten, die in der Kirche vollzogen werden. Sakramente sind für Simone Weil Zentrum ihrer Welterfahrung und ein Schlüssel der Lebensdeutung:

> Die Sakramente (und Dinge dieser Art) sind wie Erinnerungen – Gegenstände, die Erinnerungen darstellen – an geliebte und verstorbene Menschen. Der Brief eines geliebten und verstorbenen Menschen, ein Ring, ein Buch, irgendein Gegenstand, der ihm gehört hat, stellen wirkliche Berührungen mit ihm dar, wirkliche, einzigartige, unersetzliche Berührungen. Es gibt keine Liebenden oder echten Freunde, die im Austauschen von Erinnerungsstücken nicht Freude fänden. Genau-

so gibt es vielleicht keine richtige Religion ohne Sakramente oder etwas Analoges.

Simone Weil hat in ihren Schriften die Sakramente verteidigt: gegen ihre Verflachung durch die Reformation, vor allem aber gegen ihre Usurpation durch die Macht in der katholischen Kirche. Sie hat es nicht ertragen, dass jemand von den Sakramenten ausgeschlossen wird. Das hat sie selbst davon abgehalten, die Sakramente zu empfangen.

Aber sie hat die Freundschaft, das Zusammensein mit einem Menschen, als Sakrament erfahren. »Wo zwei oder drei in meinem Namen versammelt sind, bin ich mitten unter euch«, war eines ihrer Lieblingszitate aus dem Neuen Testament. Und sie fügte hinzu: »Zwei oder drei – nicht einer, aber auch nicht hundert.« Sie hatte ein feines Gespür für die Intimität des Religiösen. Geistliche Erfahrungen, vor einem Kollektiv im Brustton der Überzeugung verkündet, bekommen leicht einen falschen Ton.

Von Simone Weil habe ich gelernt, die Sakramente der Kirche trotz aller Deformationen zu achten, vor allem aber, die sakramentalen Orte und Zeichen des eigenen Lebens wichtig zu nehmen. Für die Christen, zu denen ich mich zähle, wünsche ich mir, dass wir die Sakramente aus der klerikalen kirchlichen Umklammerung lösen und in Familien und kleine Gemeinschaften hineintragen. Vielleicht könnten wir von der jüdischen Mutterreligion lernen, wo der Tisch, um den sich die Familie am Sabbat versammelt, religiöse Bedeutung hat.

V

Immer und überall gibt es Menschen, die glauben, die Wahrheit gepachtet zu haben. In der katholischen Kirche scheinen sie besonders dicht gesät zu sein, und sie stützen sich gerne auf offizielle Lehrmeinungen. Simone Weil, die kritische Denkerin, die alles prüfte, wollte auch deswegen nicht in die Kirche eintreten, weil sie es nicht ertragen konnte, dass Andersdenkende ausgeschlossen wurden. Und sie wusste aus eigener Erfahrung, dass die Mysterien der Religion auf einer tieferen Ebene liegen als die Meinungen und Behauptungen, die man vertritt oder bekämpft. Deswegen kritisierte sie die oberflächlichen Wahrheitsfanatiker, die das Christentum mit der Zustimmung zu Lehrsätzen verwechseln:

> Mangelndes Vertrauen in der totalitären Orthodoxie der Kirche. Wer immer Gott um Brot bittet, wird keine Steine bekommen. Wenn sich dem, der nach der Wahrheit verlangt, eine Irrlehre zeigt, dann ist diese für ihn ein Schritt auf dem Weg zur Wahrheit, und wenn er weitergeht, wird er sie als eine Irrlehre erkennen. Wer nicht nach der Wahrheit verlangt, irrt sich auch, wenn er das Glaubensbekenntnis aufsagt.

Simone Weil hat dem Zweifel sein Heimatrecht im Christentum zugesprochen. Eine Glaubensgemeinschaft, die der Suche und dem Nachdenken des Einzelnen ein Ende setzen möchte, wird totalitär. Religiösen Traditionen kann man sich nicht einfach unterwerfen, man muss sie für sich selbst finden – mit dem eigenen Denken und den eigenen Erfahrungen; sonst bleiben es fremde Wahrheiten; sie können allzu leicht dazu dienen, abhängige und unauthentische Menschen zu formen. Darum ist der eigene Irrtum, wenn man nicht bei ihm stehen bleibt, oft wichtiger als übergestülpte oder gar aufgezwungene fremde Wahrheiten.

Bei aller Wichtigkeit von Gemeinschaft und sozialer Verbundenheit: Das Individuum hat auch im Christentum ein Recht, seinen eigenen Weg zu suchen – und die Pflicht ihn zu gehen. Das sagt sich leicht, aber es ist ein anspruchsvolles Lebensprogramm.

Simone Weils Leben und ihre Aufzeichnungen ermutigen mich immer wieder, dem eigenen Verstand und den eigenen Erfahrungen zu trauen, gerade auch in der Religion.

VI

»Gottsucher« ist ein Wort, das religiöse Menschen gerne verwenden – vor allem für solche, von denen sie nicht sicher sind, ob sie ihren Gott auch gefunden haben. Simone Weil war überzeugt, niemals Gott gesucht zu haben; aber sie war sich sicher, ihm in den wesentlichen Erfahrungen ihres Lebens begegnet zu sein.

Trotzdem, nein, gerade deswegen hat sie den Blick auf die Welt und das Leben nicht verloren. Religiöse Praktiken waren für sie kein privilegierter Weg zu Gott; die Freundschaft oder die Schönheit der Welt hielt sie für ebenso wichtig. Sie wollte sich um keinen Preis von der Welt abwenden: »Der Gegenstand meiner Suche ist nicht das Übernatürliche, sondern diese Welt. Das Übernatürliche ist das Licht. Man darf nicht wagen, einen Gegenstand aus ihm zu machen, sonst erniedrigt man es.«

Für Simone Weil war das Christentum keine Antwort auf alle Fragen und Gott nicht der oberste Garant einer Welterklärung: »Gott zu denken, Gott zu lieben ist nichts anderes, als eine bestimmte Art, die Welt zu denken.«

Manchmal haben mich religiöse Menschen und religiöse Schriften abgestoßen, weil sie auf alles eine Antwort wissen. Manchmal möchte auch ich mir und anderen die Welt erklären. Die Schriften von Simone Weil sind ein Heilmittel dagegen. Sie halten den Blick offen für das Mysterium, für die Schönheit und die Absurdität der Welt, für das Unglück und für die Gnade. Bei Simone Weil finde ich die Aktivität, die sich für ein Leben in gerechten Verhältnissen einsetzt, und die aufmerksame Passivität, die weiß, dass man sich das Wesentliche nicht selbst schenken kann.

Die heilige Maria in der Literatur
Und Maria trat aus ihren Bildern

I

Bilder von Maria, der Mutter Jesu, finden sich nicht nur in katholischen Kirchen, sondern auch bei den Malern und Dichtern. Maria hat viele Schriftsteller fasziniert, gerade auch solche, die nicht als besonders fromm gelten. Heinrich Heine zum Beispiel, der süffisante Spötter in Glaubensangelegenheiten, der Jude, der unter Assimilationsdruck zum Protestantismus konvertierte – auch für Heine war Maria eine Gestalt von poetischer Faszinationskraft. Deutlich kommt das in einem Gedicht zum Ausdruck, das in der Vertonung Robert Schumanns sehr bekannt geworden ist:

> Im Rhein, im heiligen Strome,
> Da spiegelt sich in den Well'n
> Mit seinem großen Dome,
> Das große, heilige Köln.
>
> Im Dom da steht ein Bildnis,
> Auf goldenem Leder gemalt;
> In meines Lebens Wildnis
> Hat's freundlich hineingestrahlt.
>
> Es schweben Blumen und Eng'lein
> Um unsere liebe Frau;
> Die Augen, die Lippen, die Wänglein,
> Die gleichen der Liebsten genau.

Neben der unüberhörbaren Ironie kommt für Heinrich Heine auch ein Hoffnungsfunken zum Ausdruck: Die Madonna hat freundlich in die Wildnis seines Lebens hineingestrahlt.

In seinen Reisebildern hat Heine die Madonna noch unverblümter erotisiert; süffisant notiert er über seinen Besuch im Dom von Trient: »(...) man betet und träumt und sündigt in Gedanken, die Madonnen nicken so verzeihend aus ihren Nischen, weiblich gesinnt verzeihen sie sogar, wenn man ihre eigenen holden Züge in die sündigen Gedanken verflochten hat (...)«

Diese erotische Aufladung der Madonna provoziert vielleicht manche Katholiken. Der ironische Unterton sollte aber nicht vergessen lassen, dass Heine hier ein positives Gegenbild zur aufgeklärten Nüchternheit protestantischer Kirchen skizziert. Sinnlichkeit ist für ihn ein wesentliches Moment des Lebens und der Religion. Und Maria, die Frau im innersten Bezirk der Religion, gehört für ihn zur »Seelensiesta«, zum Ausruhen der Seele im Dunkel eines katholischen Domes.

II

Von Maria, der Mutter Jesu, wissen wir nicht viel. Die Evangelien lassen sie nur in wenigen Situationen ins Licht treten. Seit den ersten Jahrhunderten des Christentums gibt es Versuche, ein Marienleben zu schreiben, eine Biografie Marias sozusagen. Die Lücken wurden durch Legenden gefüllt.

An diese Tradition knüpfte Rainer Maria Rilke an. Inspiriert von Gemälden Tizians und Tintorettos in Venedig und vom Maler-Buch vom Berg Athos schrieb er 1912 seinen Gedichtzyklus »Marien-Leben«. Rilke war der Sohn einer strenggläubigen Katholikin. Wie viele katholische Kinder seiner Zeit, Mädchen wie Jungen, trug er den Namen Maria als zweiten Taufnamen. Rilke hatte die Gestalt Marias einprägsam vor Augen, aber er ging sehr frei um mit der biblischen Tradition und leuchtete einzelne Stationen im Leben Marias psychologisch aus. Eine Spannung zwischen Maria und Jesus durchzieht diese Gedichte; sie findet ihren Höhepunkt im Zwiegespräch Marias mit ihrem toten Sohn. »Pietà« heißt dieses Gedicht – Maria hält den toten Jesus in ihrem Schoß:

> Jetzt wird mein Elend voll, und namenlos
> erfüllt es mich. Ich starre wie des Steins
> Inneres starrt.
> Hart wie ich bin, weiß ich nur Eins:
> Du wurdest groß –
> … und wurdest groß,
> um als zu großer Schmerz
> ganz über meines Herzens Fassung
> hinauszustehn.
> Jetzt liegst du quer durch meinen Schoß,
> jetzt kann ich dich nicht mehr
> gebären.

Rilkes Maria ist keine stumme Dulderin. Sie macht sich Gedanken über ihr Schicksal und ihren Körper. Sie hadert und findet Worte für die Schmerzen und Opfer, die ihr abverlangt wurden. Gerade so kann sie das werden, was sie in der christlichen Tradition immer war: Zuflucht und Hoffnung derer, die sich in ihrem Schmerz an sie wenden.

III

Der Schriftsteller Bert Brecht war zeit seines Lebens ein scharfer Religionskritiker. Auf die Frage nach seinem Lieblingsbuch antwortete er allerdings: »Sie werden lachen, die Bibel.« 1922 hat der junge Brecht ein Gedicht mit dem Titel »Maria« geschrieben:

> Die Nacht ihrer ersten Geburt war
> Kalt gewesen. In späteren Jahren aber
> Vergaß sie gänzlich
> Den Frost in den Kummerbalken und rauchenden Ofen
> Und das Würgen der Nachgeburt gegen Morgen zu.
> Aber vor allem vergaß sie die bittere Scham
> Nicht allein zu sein
> Die den Armen eigen ist.
> Hauptsächlich deshalb
> Ward es in späteren Jahren zum Fest, bei dem
> Alles dabei war.
> Das rohe Geschwätz der Hirten verstummte.
> Später wurden aus ihnen Könige in der Geschichte.
> Der Wind, der sehr kalt war
> Wurde zum Engelsgesang.
> Ja, von dem Loch im Dach, das den Frost einließ, blieb nur

Der Stern, der hineinsah.
Alles dies
Kam vom Gesicht ihres Sohnes, der leicht war
Gesang liebte
Arme zu sich lud
Und die Gewohnheit hatte, unter Königen zu leben
Und einen Stern über sich zu sehen zur Nachtzeit.

Bert Brechts Gedicht über Maria ist von großer Sympathie für die arme, unerschrockene Frau gezeichnet. Es lebt vom Kontrast von »einst« und »jetzt«, von der brutalen sozialen Wirklichkeit und der späteren christlichen Idylle. Brecht hat sich auf die Suche gemacht nach der historischen Maria hinter den vielen Marien-Bildern. Bekannte biblische Details räumt er lässig zur Seite, aber die Hoffnung, die aus der Armut wächst, hat mit der biblischen Maria sehr viel zu tun.

IV

Hermann Hesse musste sich als Schriftsteller zunächst gegen ein bigottes Elternhaus durchsetzen. Seine Weltsicht machte radikale Wandlungen durch. Unter dem Einfluss fernöstlicher Philosophie und Religion, aber auch der Tiefenpsychologie und Mythendeutung von C. G. Jung, entwickelte er seine Sicht der Einheit aller großen Menschheitsreligionen.

In diesen Kosmos hat er auch Maria integriert. Deutlich wird das bei seiner Beschreibung eines Madonnenfestes im Tessin, wo er wohnte, im Jahr 1924:

Hundertmal habe ich diese Madonna belauscht, tausendmal sie von ferne gesehen, manche Dutzend Male ihren grünen Vorplatz und ihre Mauerbrüstung mit der unglaublichen Aussicht besucht und durch das Fensterlein zu dem goldenen Bilde hineingeäugt. Sie wäre so recht ein Heiligtum für Menschen von meiner Art, und es ist eigentlich schade, daß ich gar nicht Katholik bin und gar nicht richtig zu ihr beten kann. Was ich indessen dem heiligen Antonius und dem heiligen Ignatius nicht zutraue, das traue ich doch der Madonna zu: daß sie auch uns Heiden verstehe und gelten lasse. Ich erlaube mir mit der Madonna einen eigenen Kult und eine eigene Mythologie, sie ist im Tempel meiner Frömmigkeit neben der Venus und dem Krischna ausgestellt; als Symbol der Seele, als Gleichnis für den lebendigen, erlösenden Lichtschein, der zwischen den Polen der Welt, zwischen Natur und Geist, hin und wider schwebt und das Licht der Liebe entzündet, ist die Mutter Gottes mir die heiligste Gestalt aller Religionen, und zu manchen Stunden glaube ich sie nicht weniger richtig und mit nicht kleinerer Hingabe zu verehren als irgendein frommer Wallfahrer vom orthodoxen Glauben.

Hermann Hesse beschreibt keine christliche Kirche, sondern den Tempel seiner eigenen Frömmigkeit. Darin steht Maria neben Venus und Krischna, aber sie ist ihm doch die heiligste Gestalt aller Religionen. Maria, in der sich das Licht der Liebe in einzigartiger Sanftheit, Zärtlichkeit und Schönheit verkörpert, gehört nicht dem Christentum allein.

V

Viele Bilder von Maria sind im Laufe von zwei Jahrtausenden Christentum entstanden – manche malen die kargen biblischen Szenen aus, manche stehen dazu in krassem Gegensatz. Kurt Marti, der Schweizer Schriftsteller und protestantische Pfarrer, hat Maria einen ganzen Gedichtzyklus gewidmet. Darin zeichnet er eine Maria, die ratlos und verstört ist, als sie sieht, was man aus ihr gemacht hat:

> später viel später
> blickte maria
> ratlos von den altären
> auf die sie
> gestellt worden war
>
> und sie glaubte
> an eine verwechslung
> als sie
> – die vielfache mutter –
> zur jungfrau
> hochgelobt wurde
> und sie bangte
> um ihren verstand
> als immer mehr leute
> auf die knie fielen
> vor ihr
>
> und angst
> zerpresste ihr herz
> je inniger sie
> – eine machtlose frau –
> angefleht wurde
> um hilfe und wunder

am tiefsten
verstörte sie aber
der blasphemische kniefall
von potentaten und schergen
gegen die sie doch einst
gesungen hatte voll hoffnung

Kurt Marti geht vom subversiven Lied Marias, dem Magnificat, aus, in dem die Armen satt werden und die Reichen leer ausgehen. »und maria trat / aus ihren bildern« / und kletterte / von ihren altären herab« – so beginnt das letzte Gedicht im Zyklus von Kurt Marti, das Maria als Rebellin gegen Männermacht und Hierarchie weiterleben und in vielen Frauen auferstehen lässt. Marias Geschichte ist nicht zu Ende, und die Hoffnung, die sie verkörpert, hat zu jeder Zeit ihre eigene Gestalt.

Tagebuch
Montag: Ich. Dienstag: Ich ...

I

Wie die Zeit vergeht: Schon wieder Montag, die Feiertage sind vorbei, und eben hat wieder ein Jahr begonnen. Jahre vergehen und lassen sich nicht festhalten. Nur die Erinnerung bleibt. Bilder und Filme, Bücher, Briefe und Dokumente helfen der Erinnerung auf die Sprünge. Und Tagebücher.

Aus Tagebüchern wissen wir vieles, was der offiziellen Geschichtsschreibung entgangen ist. Denn Dokumente halten nur Fakten fest. Wie sie die Welt eines Menschen verändern, steht in den Tagebüchern. Wir wissen, dass 2005 der Tsunami etwa eine Viertelmillion Menschen getötet hat. Was diejenigen durchgemacht haben, die überlebten, was das Überleben ohne die nächsten Angehörigen und Freunde bedeutet und wie sie versucht haben und versuchen, wieder ein neues Leben zu beginnen, werden manche vielleicht einem Tagebuch anvertrauen, um nicht an ihrem stummen Schmerz zu ersticken.

Während der Schrecken der Nazi-Zeit und des Krieges hat Viktor Klemperer seine Tagebücher geschrieben. Sie sind ein Welterfolg geworden. Seine genauen Aufzeichnungen kleinster Details sind das umfangreichste Dokument der Alltagsgeschichte des Dritten Reiches, die wir haben. Gerade in Situationen der Bedrohung haben Menschen – oft unter Lebensgefahr – ihr Tagebuch geschrieben: in einem Versteck wie Anne Frank, auf der Flucht oder im Gefängnis.

Oft ist es ein Einschnitt im Leben, der jemanden sein Tagebuch beginnen lässt, in vielen Fällen auch der Jahreswechsel. Oder man nimmt sich zumindest vor, im neuen Jahr damit zu beginnen, wie Friedrich Nietzsche, der am 26. Dezember 1856 schrieb: »Endlich ist mein Entschluß gefaßt, ein Tagebuch zu schreiben, in welchem man alles, was freudig oder auch traurig das Herz bewegt, dem Gedächtnis überliefert, um sich nach Jahren noch an Leben und Treiben dieser Zeit und besonders *meiner* zu erinnern.«

Sich meiner selbst erinnern – das ist ein guter Grund, ein Tagebuch zu schreiben. Die eigenen Träume und Traumata, Gefühle und Gedanken wichtig genug zu nehmen, um sich zumindest selbst noch nach Jahren daran zu erinnern.

II

»Ich hoffe, dass ich Dir alles anvertrauen kann, wie ich es noch niemals konnte, und ich hoffe, daß Du mir eine große Stütze sein wirst.« So beginnt Anne Frank ihr Tagebuch, das sie zum 13. Geburtstag geschenkt bekommen hat. »Liebe Kitty« – so redet sie es oft an. Und sie ist nicht die Einzige, die sich für das geliebte Tagebuch einen Namen ausgedacht hat.

Das Tagebuch kann zum intimsten Freund werden. Manche mussten es vor der politischen Polizei verstecken, andere haben es auch vor der eigenen Ehefrau geheim gehalten, Thomas Mann etwa oder Arthur Schnitzler, der das Tagebuch als »Spucknapf meiner Stimmungen und Verstimmungen« bezeichnet hat. In mehr als 50 Jahren hat er das umfangreichste deutschsprachige Schriftstellertagebuch seit Goethe geschrieben.

Nicht nur bei Schnitzler sind es gerade auch die sexuellen Geheimnisse, die Eingang ins Tagebuch finden. Schon Samuel Pepys, der Zeitzeuge der Pest und des großen Feuers in London, der am 1. Jänner 1660 sein Tagebuch anfing, beschrieb darin seine zahlreichen erotischen Abenteuer und erfand dafür eine Art Geheimcode.

Ein geschützter Bereich, wo alles sein darf, wo man sich für die geheimsten Wünsche nicht schämen muss, wo man alles ausspricht, das ist das Tagebuch seit Jahrhunderten – für große Schriftsteller wie auch für einfache Menschen, von denen nichts anderes erhalten ist als eben ihr Tagebuch. Wem man es zeigt, wem man daraus vorliest, das kann jeder und jede nur selbst entscheiden.

III

»Früh aufstehen – Keine Zeit vertrödeln – Ein Tagebuch führen.« Das sind die Vorsätze, die Samuel Johnson am 1. Jänner 1753 notiert. Wieder einmal ist es der Jahresanfang, der Anlass gibt für die Reflexion. Acht Jahre später findet sich bei Johnson ein noch umfangreicherer Katalog einer religiös fundierten Lebensdisziplin, als deren Teil das Tagebuchschreiben aufgefasst wird. Nicht nur bei ihm stand das Tagebuch in Zusammenhang mit der Beichte. Der Kult der Innerlichkeit im 18. Jahrhundert hatte eine religiöse Grundlage.

Das hat natürlich seine Gefahren. Man kann schließlich über seine religiösen Übungen Tagebuch führen wie ein Sportler über sein Trainingsprogramm. Oder man kann sich zergrübeln und mit Schuldgefühlen quälen. Und natürlich finden sich in religiös geprägten Tagebüchern früherer Zeiten viele Vorstellungen, die uns fremd sind. Aber ohne spirituelle Erfahrungen, wie sie sich eben auch in Tagebüchern niederschlagen, wird jede Religion zu einem toten System. Immer wieder haben spirituell erfahrene Menschen das Tagebuchschreiben empfohlen – als Ritual, das die Lebensführung diszipliniert, und als Mittel der Selbsterkenntnis. Und die ist schließlich Basis jeder Spiritualität.

Lebenswenden sind privilegierte Zeiten des Tagebuchschreibens. Anaïs Nin etwa hat ihr berühmtes Kindertagebuch begonnen, als der Vater die Familie verließ und sie mit der Mutter von Spanien nach Amerika auswanderte. Eine Phase der Trennung, eine Entziehung oder eine Schwangerschaft sind Lebensabschnitte, in denen das Tagebuch ein intimer Weggefährte sein kann. Täglich etwas aufzuschreiben, kostet Kraft, aber es gibt auch Kraft.

IV

»Ein Mann ohne Tagebuch ist, was ein Weib ohne Spiegel«, schrieb der Schweizer Schriftsteller Gottfried Keller im Jahr 1843. Er konnte noch nicht wissen, dass in den folgenden eineinhalb Jahrhunderten gerade Frauen die interessantesten Tagebücher schreiben und dass auch Männer den Spiegel entdecken würden, um auf ihren Körper zu achten. Aber der Vergleich mit dem Spiegel ist nicht schlecht. Aus dem Tagebuch blickt einem tatsächlich das eigene Gesicht entgegen. Das von früher und das von jetzt, das tatsächliche Gesicht und das, wie es sein könnte – wie in einem Zerrspiegel. Das Tagebuch ist ein Dialog mit dem eigenen Ich – und mit jenem anderen Selbst, das in jedem Menschen steckt. »Unterhalten wir uns ein wenig mit uns selbst, Herr Musil«, notierte Robert Musil in seinen Aufzeichnungen.

Montag	Ich.
Dienstag	Ich.
Mittwoch	Ich.
Donnerstag	Ich.

So beginnt der polnische Schriftsteller Witold Gombrowicz 1953 sein berühmtes Tagebuch. Erst am Freitag hat er etwas zu erzählen, an den Tagen davor war er sich selbst genug. Radikale Subjektivität, Mut zum eigenen Ich oder Ich-Fixiertheit, ständiges Kreisen nur um sich selbst? Die Grenzen sind fließend. Natürlich kann das Tagebuch auch eine Falle sein, es kann unbefangene Wahrnehmungen verhindern. André Gide hat das gewusst, als er sich das Tagebuchschreiben nur für eine begrenzte Zeit vorgenommen hat. Er meinte: »Ich will nicht bis ans Ende meiner Tage von mir selbst heimgesucht werden.«

V

Wenn jemand über Tagebücher spricht, darf man annehmen, dass er selbst schon viele Hefte vollgekritzelt hat. Bei mir ist es nicht so. Schon das Wort »Tagebuch« hat mich abgeschreckt – ich wollte mich nicht zu täglicher Disziplin verpflichten. Dabei sagt eigentlich niemand, dass man täglich sein Pensum erledigen muss. Einmal wollte ich wirklich unbedingt Tagebuch führen: in den zwei Jahren als Deutschlektor im damals noch sowjetischen Litauen. Doch da hatte ich Angst, jemand könnte es bei mir finden und ich würde andere damit in Gefahr bringen. In Diktaturen sind Tagebücher immer gefährlich.

Und sonst? Lange habe ich mich einfach geschämt, ein Tagebuch zu schreiben – vor allem vor mir selbst. Wie naiv könnte mir später das erscheinen, was ich jetzt für große Gedanken und Gefühle halte! Und dann habe ich bei der Vorstellung, ein Tagebuch zu schreiben, immer einen unerwünschten Leser vor mir gesehen. Was ist, wenn es jemand findet? Und wer wird es nach meinem Tod lesen? Nicht dass ich so vieles im Kopf und am Herzen hätte, was niemand wissen darf. Es war eher die Angst, ausgelacht zu werden für das, was nicht wohl durchdacht und für die Öffentlichkeit bestimmt ist. Dann habe ich versucht, so zu schreiben, dass es jederzeit jeder lesen kann. Aber so kann Tagebuch nicht funktionieren. Gerne hätte ich heute ein Tagebuch – vor allem, wenn ich alte Fotos anschaue und nicht mehr weiß, was ich damals empfunden habe. Dass man sein Leben genauso gut auf Fotos oder Videos festhalten kann, ist ein Irrtum.

Aber es ist ja nie zu spät, sich den Traum zu erfüllen und ein Tagebuch anzufangen. Vielleicht bin ich jetzt auch alt genug, um mich nicht mehr zu schämen. Am Ende des Jahres werde ich schon genauer wissen, was daraus geworden ist.

Nachwort

Zwei Minuten im Radio sprechen und dabei in erster Linie nicht Information produzieren, sondern die Intensität spürbar werden lassen, die ein schriftstellerisches oder denkerisches Werk unausweichlich und unverwechselbar macht – seit einigen Jahren versuche ich, in den »Gedanken für den Tag« des Radioprogramms Ö1 Autorinnen und Autoren ins Licht zu rücken. Wenig Zeit und genau festgelegte Form – in der Regel sechs Folgen von Montag bis Samstag – zwingen zu Knappheit und Konzentration. Bis zum Schluss muss reduziert werden, sind überflüssige Wörter aufzuspüren und zu streichen.

Und bei allem, was ich von ihnen und über sie gelesen habe: Es ist immer der radikal eigene Zugang zu Menschen und Büchern, den ich formuliere. »Vollständigkeit« ist nicht möglich in den wenigen Minuten, aber ein Anstoß zum Lesen und Weiterdenken hoffentlich schon. »Gedanken für den Tag« eben, wie sie auf Ö1 gesendet wurden – mit Ausnahme der Texte über Hannah Arendt, Ingeborg Bachmann und Christine Busta: Sie sind eigens für dieses Buch geschrieben worden.

Cornelius Hell